Helmut Schubert

Figuren schnitzen

Ravensburger Buchverlag

Wir danken der Firma Carl Heidtmann GmbH,
Wuppertal für die Bereitstellung der
Werkzeuge.

Die Deutsche Bibliothek –
CIP-Einheitsaufnahme

Figuren schnitzen/Helmut Schubert. –
Orig.-Ausg. – Ravensburg:
Ravensburger Buchverl., 1997
(Ravensburger Hobby: Gestalten mit Holz)
ISBN 3-473-42531-1
NE: Schubert, Helmut

Originalausgabe

Umschlagfotos: Ernst Fesseler (vorne)
und Frank Müller (hinten)
Umschlagkonzeption:
Kraxenberger Kommunikation, München
Umschlaggestaltung: Ekkehard Drechsel BDG
Fotos: Frank Müller
Zeichnungen: Heide Birkelbach
Gesamtherstellung: Himmer, Augsburg
Printed in Germany

97 98 99 3 2 1

ISBN 3-473-42531-1

Inhalt

Das Material Holz

Holzstapel in Blockstapelung. Hier wird das Holz so gestapelt, wie der Baum ursprünglich gewachsen ist. Zwischen die Bohlen müssen ausreichend Stapelleisten gelegt werden.

Holz war neben Ton und Knochen das erste Material, das der Mensch zu bearbeiten lernte. Gleichzeitig mit der Verwendung von Holz zur Herstellung von Gebrauchsgegenständen begann der Mensch der Frühzeit, auch Darstellungen in Holz anzufertigen.
Sicherlich waren hier kultische Bedürfnissse die Triebfeder seines Tuns. Daß sich der Mensch dem Holz als Medium seines Gestaltungswillens zuwandte, ist mit seiner relativ leichten Bearbeitbarkeit zu erklären. Mit Hilfe abgesplitterter Stücke vom Flintstein, die messerscharf sind, entstanden die ersten Holzfiguren. Der Tatsache, daß Holz ein organischer Werkstoff ist und demzufolge leicht zerfällt, ist der Umstand zuzuschreiben, daß es relativ wenige Zeugen dieser ersten figürlichen Arbeiten in Holz gibt. Nur dort, wo in Mooren oder Verschüttungen eine absolute Isolierung vom Sauerstoff gewährleistet war, konnten einige der hölzernen Gegenstände die Jahrtausende überdauern.
Welche Holzarten sind für die Bearbeitung mit Schnitzwerkzeugen nun besonders geeignet? Eigentlich gibt es gar keine Einschränkungen. Fast jedes Holz ist zu gebrauchen, aber für den Anfänger ist die Bearbeitung von Lindenholz am einfachsten. Lindenholz ist relativ weich, dabei aber fest und besitzt eine geringe Spaltbarkeit. Das ist wichtig, da man anfangs das Abbrechen von Teilen

einer Figur sicherlich ins Kalkül ziehen muß.
Lindenholz verlangt eine sorgfältige Lagerung, da es sehr leicht von Pilzen befallen wird, die Verfärbung hervorrufen oder seine Festigkeit zerstören.
Auch sollte man darauf achten, daß kein Holz gekauft wird, das in der Wachstumsphase geschlagen wurde. Das beste Holz ist jenes, das im Januar gefällt wurde.
Man kann Holz in der Holzhandlung oder im Sägewerk als Schnittware erwerben. Es gibt aber auch die Möglichkeit, einen gefällten Baum zu kaufen. Diesen Stamm dann im Sägewerk extra einschneiden zu lassen, wäre sicher zu teuer. Deshalb empfiehlt es sich hier, den Stamm in Stücke von 1 – 2 m Länge zu schneiden und danach mit Hilfe von Keilen in Viertelstücke zu spalten.
Diese gespaltenen Holzstücke sollte man auf einer trockenen Basis kreuzweise übereinander stapeln und dann gut abdecken.
Ist eine Holzfeuchtigkeit von 15 % erreicht, kann man die Abschnitte dann in einem geschlossenen Raum noch auf etwa 8 – 10 % herabtrocknen. Dann hat das Holz den richtigen Trocknungsgrad. Wichtig ist, daß das Trocknen nicht zu plötzlich stattfindet, sonst bekommen die Stücke Trockenrisse, die das Holz stark in seinem Nutzwert herabsetzen.
Bei Schnittware ist der Trocknungsvorgang besser zu bestimmen, denn die Brettdicke bestimmt die Trocknungsdauer nach der Regel: 1 cm

Stirnseite einer Bohle.

Dicke benötigt bei Lufttrocknung 1 Jahr Trockenzeit. Ist eine Bohle also 10 cm dick, rechnet man mit 5 Jahren bis zur Lufttrockenheit von 15 %, da der Trockenprozeß von beiden Seiten aus ansetzt. Dazu ist es aber notwendig, daß zwischen die Bretter oder Bohlen Stapelleisten gelegt werden.
Geschieht das nicht, erhält man Holzfehler durch Pilzbefall und Holzschädlinge. Die Stirnseiten des Trokkenguts sind stark rißgefährdet. Deswegen empfiehlt es sich, sie mit Leim oder dicker Farbe einzustreichen, um ein zu plötzliches Austrocknen zu verhindern.
Auch Stapelleisten, bis an die Stirnseite gelegt, können mit verhindern, daß die Rißbildung zu stark wird.
Um das Material Holz noch etwas besser zu verstehen, ist es notwendig, sich ein Grundwissen über seine biologische Struktur anzueignen.
Ein Baumstamm hat von außen nach innen gesehen folgende Schichten, die auch Einfluß auf die weitere Bearbeitung haben:

- Die Rinde, die eine Schutzschicht für den Stamm bildet,
- der Bast, in dem der Nährstofftransport stattfindet und
- das Kambium, auch als Wachstumsschicht bezeichnet,
- der Splint, der als vierte Schicht für den Wasserhaushalt zuständig ist und
- das Kernholz, das als fünfte Schicht das Stützgewebe des Baums bildet.

Längsschnitt an einem Brett.

In der Mitte des Kernholzes befindet sich die Markröhre.
Von hier aus gehen Markstrahlen nach außen. Diese erkennt man im geschnittenen Brett als Spiegel – sehr schön zum Beispiel bei der Eiche.
Die Jahresringe, die sich durch die verschiedenen Wachstumsphasen im Frühjahr und Herbst bilden, sowie die Poren bei ringporigen Hölzern, wie Eiche, Esche und Rüster, ergeben im geschnittenen Brett sowohl die Maserung als auch die Struktur.

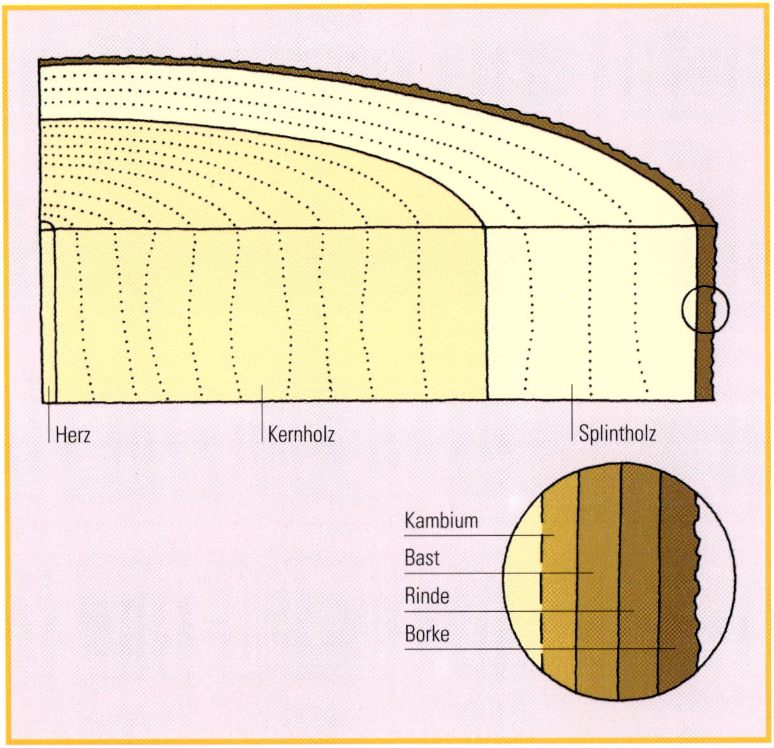

Wird ein Baum quer zum Stammverlauf aufgeschnitten, so erkennt man deutlich den Wachstumsablauf und den Aufbau des Holzes. Die erste Schicht ist die Rinde, dann kommt der Bast, die außen liegenden hellen Jahresringe nennt man Splint. Der größte Teil des Stammes in der Mitte ist das Kernholz. Die Jahresringe sind an der Schnittfläche gut sichtbar. Bei genauem Hinsehen kann man auch die Gefäße und die Markstrahlen erkennen. In der Mitte des Stammes ist die Markröhre, die für die Holzverarbeitung uninteressant ist.

Kern- und Splintholz haben beim Trocknungsprozeß ein verschiedenes Schwindvolumen. Da der Splint mehr Wasser in sich birgt, verliert er auch mehr. Das hat dann zur Folge, daß sich ein Brett oder eine Bohle bei der Trocknung verzieht. Es wölbt sich der dem Splint zugewandten Seite. Bei einem Mittelbrett bleibt die Mitte dicker als die Außenseiten. Kaum vermeiden läßt sich das Aufreißen eines Mittelbretts. Dies rührt daher, daß sich im Mittelbrett die Markröhre befindet und durch das unterschiedliche Schwinden des Kernholzes und des Splintholzes Spannungen entstehen, die dann das Brett in Richtung der Markstrahlen reißen lassen. Dadurch entsteht im Mittelbrett fast immer ein Riß. Aus diesem Grund muß das Brett im Bereich der Markröhre getrennt und wieder zusammenfügt werden.
Hier ist vorheriges Verleimen die beste Lösung. Sollten Risse entstehen, verlaufen sie immer von der Markröhre in Richtung der Markstrahlen. Diese Tatsache sollte man sich beim Verleimen immer vergegenwärtigen. Daraus ergibt sich die Regel, Kern an Kern und Splint an Splint.

Das Holzlager

Um jederzeit das benötigte Material zur Verfügung zu haben, ist es empfehlenswert, sich selbst ein kleines Holzlager anzulegen. Hier kann man Holz aufbewahren, das zum Beispiel beim Fällen von Bäumen in der Nachbarschaft, in einem Park oder beim Straßenbau angefallen ist. Dieses Holz ist oft zum Selbstkostenpreis zu erhalten und mit etwas Mühe kann man hier sehr viel Geld einsparen.
Wer diese Möglichkeit nicht hat, muß sein Material allerdings in einer Holzhandlung oder in einem Sägewerk kaufen. Das ist zwar etwas kostspieliger, hat aber den Vorteil, daß man sein Holz genau nach Bedarf auswählen kann.
Gleichgültig wie man das Material erworben hat, es muß sorgfältig gelagert werden. Geschieht dies nicht, können erhebliche Schäden und Materialverluste am Holz entstehen.

Die Rißbildung

Da das Holz ein organischer Werkstoff ist, läßt es sich kaum vermeiden, daß sich bei der Trocknung des Holzes Risse bilden. Eine Möglichkeit, die Rißbildung ganz zu verhindern, gibt es nicht, aber man kann sie stark einschränken. Wichtig dafür ist, daß das Holz nicht zu schnell trocknet. Das bedeutet, daß man frisch geschlagenes Holz nicht sofort in einem geschlossenen Raum und schon gar nicht in einem geheizten Raum lagern sollte. Für die erste Zeit des Trockenvorgangs braucht man deshalb unbedingt einen Stapelplatz im Freien.

Ein solcher Stapelplatz sollte am besten so aussehen:

Auf Beton- oder Steinfundamente werden Balken oder Eisenträger gelegt. Die Zahl der Unterlagen richtet sich nach Dicke und Länge des Lagerguts. Das Holz darf nicht durchhängen, da sich sonst die Bretter oder Bohlen verziehen, d. h. krumm werden. Der Abstand der Unterlagen sollte zwischen 1 m und 1,5 m liegen. Sind die Träger der Unterlagen aus Metall, werden darauf die sogenannten Stapelhölzer gelegt. Auf diese Stapelhölzer kann dann das Trockengut gelagert werden.

Die rechte Seite des Bretts oder der Bohle wird nach oben gelegt, denn sie ist die dem Kern zugewandte Seite. Anschließend wird eine Lage Bohlen oder Bretter auf die Unterlage gelegt. Ist diese Lage voll, werden darauf wieder Stapelleisten gelegt. Dabei muß immer Stapelleiste über Stapelleiste zu liegen kommen. Darauf kommt die nächste Lage Bohlen oder Bretter. Besteht der Holzvorrat aus unterschiedlich dicken Brettern, muß darauf geachtet werden, daß Bretter gleicher Dicke eine Lage bilden.

Rindeneinwüchse durch alte Baumverletzungen. Zum Figurenschnitzen ist solches Holz wenig geeignet. Allerdings können Holzfehler mitunter sehr reizvoll in die Gestaltung einbezogen werden.

Gegen die Rißbildung kann man beim Stapeln folgende Maßnahmen ergreifen:

- Die äußeren Stapelleisten sollten so weit wie möglich an das Brettende zu liegen kommen.
- Eine direkte Sonneneinstrahlung auf die Stirnseiten muß vermieden werden.
- Die Stirnenden sollten mit einer porenverschließenden Farbe (Öl-, Acryl- oder Alkydharzfarbe) bestrichen werden.

Zusätzlich kann man noch schmale Wellblechstreifen in die Stirnenden einschlagen. Zum Schluß wird der Stapel mit einer geeigneten Abdekkung, etwa aus Wellblech oder ähnlichem Material, abgedeckt. Die Abdeckung sollte so beschaffen sein, daß auf keinen Fall Wasser in den Stapel laufen kann. Gegen heftigen Wind oder Sturm muß die Abdekkung zusätzlich gesichert werden. Hierzu sind schwere Steine oder auch Rödeldraht sehr gut geeignet.

Typisches Rißbild an einer Mittelbohle mit Markröhre. Dieser Riß ist auch bei sorgfältigster Trocknung nicht zu vermeiden.

Riß, Ast und Blaufäule in einem Stück Lindenholz.

Holzfäule

Diese Art das Holz zu stapeln schützt gleichzeitig auch gegen andere Schädigungen, etwa der

- Rotfäule,
- Weißfäule,
- Blaufäule.

Diese drei Fäulearten werden durch Pilzbefall hervorgerufen. Der Pilz, der die Rotfäule verursacht, zerstört die im Holz vorhandene Zellulose.
Bei der Weißfäule wird das Lignin des Holzes zerstört. Beide Fäulnisarten machen das Holz absolut unbrauchbar und zerstören seine Festigkeit. Die Blaufäule hingegen ist vor allem ein optischer Makel.

Stark verwimmertes Stück Lindenholz mit Ast. Es ist nicht gut zum Figurenschnitzen geeignet.

Allen Fäulearten kann man vorbeugen, indem das geschnittene Holz sofort gestapelt und gut gegen Wasser geschützt wird. Bei Kiefern- oder Lindenbrettern genügt manchmal schon eine ungestapelte Lagerung über Nacht, um Blaufäule hervorzurufen.

Holzwurmbefall

Ein weiteres Problem ist der Holzwurmbefall. Holzwürmer sind verschiedene Insektenlarven, die sehr großen Schaden anrichten können. Es gibt aber durchaus probate Mittel, um diesen Schädlingen zu begegnen.

Am wenigsten zu empfehlen ist das Anwenden starker chemischer Mittel, denn bei deren Anwendung lassen sich anschließende Giftrückstände im Material nie ausschließen. Da man aber als Schnitzer dann weiter mit solchem Holz arbeiten muß, ist ein Gesundheitsrisiko nicht auszuschließen. Restauratoren beispielsweise, die leider häufig mit solchen giftigen Substanzen arbeiten müssen, erkranken deshalb relativ häufig an Krebs. Man sollte also diesen Plagegeistern auf andere Art und Weise beikommen.
Dazu ist es wichtig, die Rinde vom Holz zu entfernen. Dies sollte man, gleich nachdem das Holz angeliefert wurde, mit einem Schäleisen tun.
Die meisten Holzwurmarten haben ihre Angriffspunkte im Bastbereich des Holzes. Nimmt man ihnen diese Angriffsstellen, haben sie keine gute Möglichkeit, sich zu entwickeln.
Verschiedene Hölzer, z. B. Eiche, werden vorwiegend im Splintbereich befallen. Da aber der Eichenholzsplint in der Regel nicht mit verarbeitet wird, ist das von nicht allzu großer Bedeutung. Befinden sich im Holz Einwüchse, die auf frühere Verletzungen des Baumes zurückzuführen sind, ist es auch möglich, daß sich hier der Schädlingsbefall einstellt.
Es ist deshalb empfehlenswert, solche Stellen herauszuschneiden.
Bei manchen Holzsorten, wie z. B Ahorn, kommt es vor, daß die Holzwürmer die Auflagestellen der Stapelleisten als Angriffspunkte bevorzugen. Deswegen ist es ratsam,

diese Stellen gelegentlich zu kontrollieren und das Holz sorgsam zu begutachten, um eventuell befallene Stellen sofort zu beseitigen.
Hölzer wie Ahorn, Rüster oder Esche sollte man nicht über längere Zeit auf Dachböden oder in Scheunen lagern. Hier ist ein Wurmbefall dann fast sicher.

Die Lagerung im Holzstapel

Neben der Möglichkeit, Bretter und Bohlen im Stapel zu lagern, kann auch Stammware so eingelagert werden. Zwar läßt sich solch ein Stapel nicht so exakt herrichten wie ein Stapel aus Bohlen und Brettern, aber durch die günstige Beschaffung von Stammholz kann viel Geld gespart werden.
Hat man also durch glückliche Umstände einen preisgünstigen Stamm erhalten, und das Trennen eines solchen Stamms in einem Sägewerk ist zu kostspielig, kann man ihn in Stücke von 1 – 1,5 m zersägen. Mit Hilfe von Keilen zerteilt man diese Stammstücke dann in viertel große Spaltstücke. Diese Spaltstücke können ebenfalls, wie beschrieben, im Stapel gelagert werden und man hat einen guten Vorrat an günstig erworbenem Schnitzholz.
Sollten Sie Ihr Holz selber fällen wollen, ist es am besten, dies vor dem Beginn des Frühjahrswachstums zu tun. Im Januar bis Februar geschlagenes Holz eignet sich allgemein am besten zum Schnitzen.
Beim Lagern im Freien erreicht man maximal eine Holzfeuchte von 15 %. Dieses Holz kann durchaus schon zum Schnitzen verwendet werden. Ideal ist eine Holzfeuchte von 8 %. Sie erreicht man, wenn in einem trockenen, beheizten Raum gearbeitet wird.
Soll das Holz verleimt werden, muß es unbedingt vorher im Arbeitsraum auf 8 % Holzfeuchte heruntergetrocknet werden.

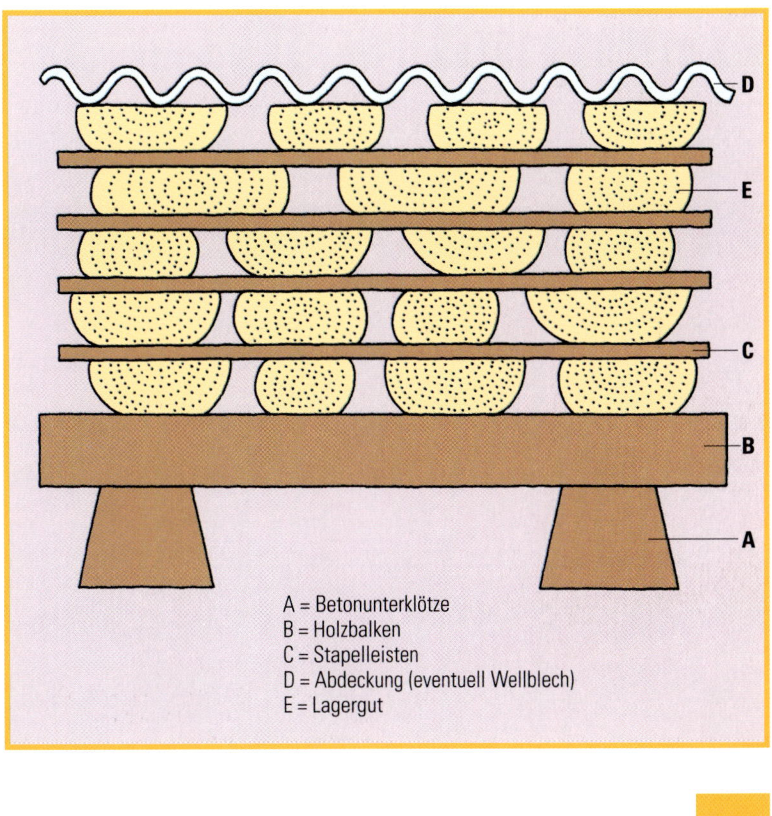

Schematische Darstellung eines Holzstapels mit Unterbau und Abdeckung. Es sollte darauf geachtet werden, daß die rechte Seite der Bohle (es ist die dem Kern zugewandte Seite) nach oben zu liegen kommt.

Die Hobelbank wurde durch untergelegte Bohlen höher gestellt.
Die hier vorhandene Vorderzange entfällt bei einer echten Bildhauerbank.

Ein sorgfältig vorbereiteter Arbeitsplatz fördert die Freude bei der Ausübung unseres Hobbys.
Schön ist es, wenn man extra einen Raum zur Verfügung hat, in dem die benötigten Werkzeuge jederzeit griffbereit sind.
Daß dies nicht jedem möglich ist, versteht sich, und so wollen wir verschiedene Möglichkeiten in Erwägung ziehen.
Ideal ist es, wenn man genügend Platz hat, um eine Schnitz- oder Bildhauerbank aufzustellen.
Es ist eine Hobelbank ohne Vorderzange mit einer deutschen Hinterzange, zudem ist sie vor allem höher gebaut als die normalen Hobelbänke. Am günstigsten ist eine Höhe von ungefähr 95 cm. Für Menschen mit einer Körpergröße über 1,85 m ist es aber besser, die Schnitzbank durch Unterlagen etwas zu erhöhen, um so eine bessere und bequemere Körperhaltung beim Schnitzen zu bekommen. Die deutsche Hinterzange hat gegenüber der französischen Zange den Vorteil, daß man mehr von der Schnitzfläche direkt vor sich hat, während bei einer Bank mit einer französischen Zange die Arbeit am rechten Bankende ausgeführt wird. Dies ist vor allem beim Bereitlegen der Werkzeuge von Nachteil, denn man kann nur Werkzeuge linker Hand ablegen, während rechts ein freier Platz ist. Sicherlich ist dies aber auch eine Frage der allmählichen Gewöhnung und Einübung.
An der Vorderseite der Schnitzbank

Die Bildhauer- oder Schnitzbank unterscheidet sich von der Hobelbank durch die fehlende Vorderzange und durch die um etwa 10 cm größere Höhe.

sind in die Platte Bankhakenlöcher eingearbeitet. In der Hinterzange befinden sich ebenfalls, je nach Größe der Bank, drei bis fünf Bankhakenlöcher.
Je einen Bankhaken steckt man in die Platte und in die Hinterzange. Diese Einspannmöglichkeit ist vor allem bei großen Vorarbeiten und beim Anlegen sehr nützlich, weil so eine Federwirkung des Werkstücks stark reduziert werden kann.
Ist ein Werkstück zwischen zwei Bankhaken eingespannt, kann man mit einem kräftigen Hammerschlag auf jeden Bankhaken ein Verrutschen des Werkstücks in den Bankhaken verhindern. Je größer die Figuren werden, desto mehr nimmt der Druck zu, der auf die Bank wirkt. Auch die Festigkeit des zu bearbeitenden Materials beeinflußt den Druck, den man auf die Bank ausüben muß. Ist die Standfestigkeit der Bank nicht mehr gewährleistet, empfiehlt es sich, das Bankgestell zu beschweren. Sinnvoll ist es auch, Hilfsmittel oder Werkzeuge, die man gelegentlich zur Schnitzarbeit benötigt, in einer Ablage, die man sich mit einem Brett zwischen den Zargen des Bankgestells einrichtet, zurechtzulegen. Dort kann man dann auch lufttrockenes Holz noch weiter heruntertrocknen. Im Bankkasten können Utensilien wie Bleistifte, Zirkel, Taster usw. aufbewahrt werden.
Die Schnitzwerkzeuge werden so auf die Bank gelegt, daß die Schneiden zu uns zeigen. Das mag zuerst ein-

Zirkel und Taster sind gute Hilfsmittel beim Übertragen von Entwürfen ins Holz.

mal ungewöhnlich und unpraktisch erscheinen, doch hat sich diese Art der Werkzeugablage über alle regionalen Unterschiede hinweg bei den professionell arbeitenden Schnitzern und Holzbildhauern herausgebildet und durchgesetzt. Der Vorteil liegt darin, daß man die Schneide des Werkzeugs, also die Form des Stichs und die Breite des Eisens, sofort erkennen kann. Zudem hat man das Werkzeug gleich in der richtigen Arbeitshaltung. Nach dem Aufnehmen ist kein Umgreifen mehr nötig. Sollte die Anschaffung einer Schnitz- oder Bildhauerbank den eigenen Etat zu sehr belasten, kann man sich auch mit einem stabilen alten Tisch und ein paar Schraubzwingen helfen. Hier muß dann allerdings die eigene Fantasie bei der Einrichtung eines Schnitzplatzes mithelfen. Bei Fachhändlern gibt es außerdem Einspannhilfen mit Kugelgelenken, die an einem Tisch anzuschrauben sind. Diese haben sich ebenfalls als sehr praktisch erwiesen.

Wenn jetzt noch ein geeigneter Platz für die Schleifscheibe, die Abziehsteine und das Schleifwasser in nicht zu großer Entfernung vom Arbeitsplatz geschaffen wird, ist für ungehindertes Arbeiten gesorgt. Es ist sehr unpraktisch, zum Schärfen der Werkzeuge erst an einen entfernter liegenden Platz gehen zu müssen, da man so häufiger geneigt ist, das notwendige Schärfen zu verschieben. Das hat zur Folge, daß die Arbeit unsauber wird und das Ergebnis dann keine rechte Freude mehr bereitet.

Besonders wichtig ist die ausreichende und geeignete Beleuchtung. Ungünstig angebrachte Lampen können die Arbeit sehr erschweren, ja zu Fehlern führen. In den seltensten Fällen wird normales Tageslicht zur Arbeit ausreichen. Deswegen empfiehlt es sich sowohl den Arbeitsraum generell und den eigentlichen Arbeitsplatz besonders gut mit einem Arbeitslicht auszuleuchten. Gerade beim Figurenschnitzen muß darauf geachtet werden, daß das Licht nicht seitlich einfällt. Das führt zu Verschiebungen in der Symmetrie. Hängt die Lampe genau über der zu schnitzenden Figur, entsteht durch den übergebeugten Kopf des Schnitzers ein störender Schatten. Das Licht muß also leicht von vorn kommen; allerding nicht so, daß man selbst geblendet wird. Die für die eigene Arbeit günstigste Beleuchtung muß man am besten selbst herausfinden und dazu verschiedene Beleuchtungsvarianten ausprobieren. Das bedeutet wieder, man muß probieren, wie es am besten geht. Besonders beim Anlegen einer Figur, wenn also mit dem Knüppel gearbeitet wird, sollte jedes nicht gebrauchte Werkzeug vom Arbeitsplatz verschwinden. Die Erschütterungen, die durch das Auftreffen des Knüppels auf das Werkzeug hervorgerufen werden, lassen abgelegte Werkzeuge auf der Schnitzbank wandern und es kommt vor, daß sie herunterfallen. Dies beeinträchtigt

die Schärfe des Werkzeugs und kann auch zu Verletzungen führen. Deshalb ist es besser, wenn nur die zwei bis drei unbedingt notwendigen Schnitzeisen auf der Bank liegen. Die anderen Eisen legt man am besten in ein Schränkchen mit mehreren flachen Schiebefächern oder in einen Wickel aus straffem Nesselstoff.
Trotzdem wird man das Herunterfallen von Werkzeugen nicht immer vermeiden können.
Um Verletzungen zu vermeiden, darf man nicht versuchen, ein herunterfallendes Werkzeug aufzufangen. Man sollte möglichst auch die Füße schnell wegziehen. Das Greifen nach einem Werkzeug kann böse Schnittverletzungen hervorrufen. Fällt ein Werkzeug ungünstig, besteht auch Verletzungsgefahr im Fußbereich. Deshalb empfiehlt sich ein festes Schuhwerk. Bei einem Beton- oder Steinfußboden kann herunterfallendes Werkzeug erheblich beschädigt werden. Aus diesem Grund sollte man für den Werkstattfußboden möglichst ein Bodenmaterial wählen, das dem Rechnung trägt. Holzdielen oder Holzpflaster sind hier am günstigsten. Das Holzpflaster hat zudem noch andere gute Eigenschaften, wie z. B. einen hohen Dämmwert für Temperatur und Geräusche. Es kann auch leicht verlegt werden.

Ralf Schaarschmidt, „Mädchenakt“, Relief aus Lindenholz.

Gerade Balleisen mit Weißbuchenheft.

Gerade Flacheisen.

Die Schnitzwerkzeuge

Eine wirkliche Freude an der Arbeit hat man nur, wenn gutes Werkzeug benutzt wird. Es zahlt sich nicht aus, billige Schnitzwerkzeuge zu kaufen, denn die Zeit, die dann zum zusätzlichen Schärfen dieser Eisen verwendet werden muß, rechtfertigt die Anschaffung von sehr guten Qualitätswerkzeugen.

Es ist noch kein Zeichen von Qualität, wenn das Werkzeug schön glänzt. Häufig werden leider Werkzeuge von Herstellern angeboten oder von Firmen vertrieben, deren einzige Qualität ein schönes Aussehen ist.

Man sollte deshalb bei der Anschaffung von Schnitzeisen unbedingt auf gute Herstellermarken achten, wie z. B. Eichel (eine Marke des englischen Herstellers Taylor aus Cheffield), die Stubai-Eisen aus Österreich oder die Werkzeuge der Firma Heidtmann aus Wuppertal.

Einfache Figuren kann man mit Messern, die es in großer und für viele Zwecke geeigneten – Auswahl im Fachhandel zu kaufen gibt, schnitzen. Zum Schnitzen von größeren und anspruchsvolleren Figuren braucht man dann aber richtige Bildhauereisen.

Diese Bildhauereisen werden handelsüblich in Stiche eingeteilt.

- die Balleisen – Stich 1,
- die Schrägeisen – Stich 2,

Gerade Hohleisen.

Gerade Bohrer und Geißfuß.

Gekröpftes (rechts) und verkehrt gekröpftes Hohleisen (links).

Blumeneisen und gebogenes Eisen.

Tiroler Eisen und Schweizer Eisen.

- die Flacheisen – Stich 2 1/2 – 4,
- die Hohleisen – Stich 5 – 8,
- die Bohrer – Stich 9 – 11,
- die Geißfüße – Stich 39 – 45.

Sämtliche Stiche gibt es als gerade, gekröpfte und verkehrt gekröpfte Eisen.

Darüber hinaus gibt es noch viele Sonderformen, wie z. B. Grateisen oder Geißfüße mit gewölbten Schenkeln. Alle diese Werkzeuge werden in der Regel in Breiten von 2 bis 38 mm angeboten. Weitere Sonderformen sind die Tiroler und Schweizer Eisen, die Breiten von 50, 60 und 70 mm haben.

Es ist auf keinen Fall nötig, sich alle Eisenformen in allen Breiten anzuschaffen. Der finanzielle Aufwand dafür wäre viel zu hoch. Es genügt für einen Anfänger in der Regel ein Satz von 12 bis 15 Stück.

Zusätzlich benötigt man noch einen Knüppel und vor allen Dingen eine Vorrichtung zum Schärfen der Eisen sowie die entsprechenden Abziehsteine. Die schon erwähnte etwas höher gestellte Hobelbank als Einspannvorrichtung und eine Figurenschraube machen die Ausstattung des Schnitzplatzes perfekt und ermöglichen ein gutes Arbeiten. Sind die nötigsten Werkzeuge komplett, müssen sie noch in einen arbeitsfähigen Zustand gebracht werden. Soweit nicht schon vom Händler oder dem Hersteller geliefert, müssen zuerst die Hefte auf die Werk-

Umfangreicher Anfängersatz mit allen Grundformen.

Knüppel oder Klüpfel aus Pockholz und Weißbuchenholz. Der Pockholzknüppel kann kleiner sein, da er aus schwererem Holz ist.

Figurenschraube mit Einspannholz der Firma Heidtmann.

zeuge aufgeschlagen werden. Diese Werkzeughefte sind in der Regel aus Weißbuchenholz.

Zum Aufschlagen der Werkzeughefte spannt man das Eisen in die Hinterzange der Schnitzbank ein, so daß die Angel nach oben zeigt. Dann führt man die Bohrung des Werkzeughefts an die Angel und schlägt mit dem Knüppel gefühlvoll und unter Drehung des Hefts so lange auf das der Bohrung entgegenliegende Heftende, bis das Werkzeugheft direkt und eng an der Krone sitzt.

Ist das geschehen, müssen die Schnitzeisen geschärft werden. Die Schneide eines Schnitzwerkzeugs wird durch Schleifen und Abziehen geschärft. Das Schleifen erfolgt mit Hilfe einer rotierenden Schleifscheibe, entweder in Trocken- oder Naßschliff, d. h. mit einer Schmirgelscheibe für den Trockenschliff oder einem Sandstein für den Naßschliff. Das Schleifen geht wie folgt vor sich: Man faßt das Schnitzeisen mit Daumen und Zeigefinger der linken Hand im Bereich der Krone. Mit der rechten Hand hält man das Heft. Danach führt man die Fase des Eisens an die rotierende Scheibe des Schleifblocks. Hierbei muß unbedingt eine Schutzbrille getragen werden.

Mit ruhiger Hand bewegt man unter ganz leichtem Druck die Fase in Achsrichtung der Schmirgelscheibe hin und her und kühlt sie gelegentlich mit bereitgestelltem Wasser, da

Bankschleifmaschine oder Schleifbock.

Richtige Haltung beim Schleifen. Es sollte darauf geachtet werden, daß freihändig geschliffen wird. So gelingt eine saubere Fase.

Zum Abziehen braucht man einen geraden Stein und Profilsteine. Den letzten Schliff, d.h. die größte Schärfe erreicht man, wenn mit dem Eisen noch über ein Leder (vorn) gestrichen wird.

Abziehen an der Fase.

Abziehen an der Spiegelseite mit profiliertem Stein.

sonst der Klingenstahl ausglüht. Das erkennt man daran, daß er plötzlich blau anläuft.
Sollte dies jedoch einmal passieren, muß man mit viel Geduld das angelaufene Stück wieder wegschleifen, da in diesem Bereich der Stahl seine guten Eigenschaften verloren hat und sich für die Schnitzarbeit nicht mehr eignet.
Durch die Kreisform des Schleifsteins entsteht an der Schneide des Eisens eine Fase. An der spitzen Seite der Fase entsteht ein Grat. Dieser muß durch Abziehen entfernt werden. Die Länge der Fase, die angeschliffen wird, richtet sich nach der Art des Holzes, das bearbeitet werden soll. Für weiches Holz ist eine lange Fase geeignet. Bei härteren Holzarten empfiehlt sich eine kürzere Fase, da diese sich sonst entweder umlegt oder ausbricht.
Wird beim Schleifen kein im Wasserbad laufender Sandstein verwendet, also auf einer Schmirgelscheibe geschliffen, ist es notwendig, das Werkzeug häufig mit Wasser zu kühlen.
Richtiges Schleifen erfordert einige Übung. Deshalb empfielt es sich erst einmal, mit einem weniger wertvollen Werkzeug zu üben. Zum Abziehen verwendet man am besten den sogenannten belgischen Brocken oder einen ähnlichen Sandstein. Dieser kann mit Wasser benutzt werden. Feinere Steine wie Mississippi oder Arkansas benötigen als Medium Petroleum. Das Wort Medium stammt aus dem Lateinischen und bedeutet „das in der Mitte befindliche". Damit ist hier das Mittel gemeint, das sich zwischen den Abziehsteinen und abzuziehenden Schnitzeisen befindet. Es hat die Aufgabe, die durch die Abziehbewegung abgeschliffenen Teile sowohl des Steines als auch des Stahls aufzunehmen und beim Abspülen diese Reste zu entfernen.
Ohne die Verwendung von Wasser oder Petroleum würden die Steine zerkratzt. Zudem würde die Klinge auch keine richtige Schärfe erhalten.
Das Abziehen dient dazu, den durch das Schleifen entandenen Grat an der Schneide wieder zu entfernen. Das bedeutet, daß wechselseitig auf der Spiegelseite des Werkzeugs und danach auf der Fase der Stein hin und her bewegt wird. Dadurch wird der Grat immer dünner und fällt schließlich ab.
Beim Schleifen muß reichlich Wasser bzw. Petroleum verwendet werden, weil sonst der Stein verschmiert und seine Schleifwirkung erheblich eingeschränkt wird. Feinste Reste des Grates lassen sich am besten beseitigen, indem man mit der Fase und der Spiegelseite abwechselnd über ein Leder streicht.
Die Überprüfung des Schärfvorgangs erfolgt, indem man die Schneide leicht über den Daumennagel gleiten läßt. Gelingt dies ohne Stockungen, ist der Grat restlos beseitigt. Besser und noch sicherer kann man dies überprüfen, wenn man ein Stück Lindenholz hirnholzseitig mit der ganzen Werkzeugbreite schneidet. Gibt es einen glänzenden Schnitt ohne Spuren, hat man mit Sicherheit eine gute Schärfarbeit geleistet. Sollten jedoch noch Spuren im Schnitt zu sehen sein, muß man die Schneide noch weiter abziehen.
Läßt dann während des Schnitzens die Schärfe des Werkzeugs nach, muß man das Eisen nicht gleich mit der Schleifmaschine nachschleifen. Es genügt, wenn man mit einem etwas groberen Abziehstein einen Innengrat anschleift und ihn dann in der schon beschriebenen Weise abzieht.
Durch den häufigeren Gebrauch ergeben sich auf der Oberfläche des Abziehsteins Rillen, die für ein gutes Schleifen hinderlich sind. Mit etwas Geduld kann man sie beseitigen, indem man mittelgrobes Schleifleinen auf eine plane Fläche legt und die abgenutzte Seite des Abziehsteines über dem Schleifleinen unter leichtem Druck hin und her bewegt, bis alle Rillen abgeschliffen sind.
Sollen größere Figuren geschnitzt werden, muß das ausgesägte Werkstück gut eingespannt sein, damit man mit beiden Hände arbeiten kann. Das funktioniert am besten mit einer Figurenschraube. Sie besteht aus einer Holzschraube, die in ein Metallgewinde übergeht. Die Holzschraube wird in den Fußteil des zu bearbeitenden Rohlings eingedreht, so daß das Metallgewinde aus der Figur unten herausragt. Das Metallgewinde wird seinerseits in ein durchbohrtes Holzstück gesteckt und mit einer Flügelmutter festgezogen.

Dekupiersäge mit Vorrichtung zum Wegblasen der Späne.

Das Holz wird nun in eine Hobel- oder Schnitzbank eingespannt. Auf diese Weise läßt sich das zu bearbeitende Stück nach allen Richtungen verstellen bzw. drehen und mit beiden Händen bearbeiten.
Figurenschrauben sind im Fachhandel erhältlich, können aber auch mit etwas Geschick leicht selbst hergestellt werden, indem man an eine stärkere Metallschraube oder eine Trapezgewindespindel eine Holzschraube anschweißt bzw. hartlötet und an die dazugehörige Mutter einen oder zwei Knebel anschweißt.

Die Maschinen

Das Schnitzen ist ohne den Einsatz von Maschinen möglich. Man kann aber bei einigen Arbeiten viel Zeit sparen und größere körperliche Anstrengungen vermeiden, wenn man beispielsweise zum Aussägen eine elektrische Säge verwendet. Schon deshalb ist eine Maschine zum Aussägen der Rohlinge sehr nützlich. Es ist allerdings von der Größe der Figuren, die geschnitzt werden sollen, abhängig, welche Maschinen benötigt werden. Sollen nur kleine, bis etwa 8 cm große Figürchen geschnitzt werden, reicht schon eine Dekopiersäge aus. Mitunter ist sogar eine Stichsäge ausreichend. Wer aber etwas komfor-

tabler sägen möchte, sollte sich eine Bandsäge anschaffen. Da die Bandsäge ein sehr universell einsetzbares Gerät ist, kann sie bei vielen Zuschneidearbeiten nützlich und sehr zeitsparend sein. Beim Arbeiten mit der Bandsäge muß immer auf ein gut geschärftes und gut geschränktes Sägeblatt geachtet werden. Das Löten oder Schweißen sowie das Schärfen und Schränken des Sägeblatts sollte man am besten in einer Fachwerkstatt ausführen lassen.
Zum Aussägen von Figuren eignet sich ein Sägeblatt von ca. 8 mm – 15 mm. Gerade Schnitte lassen sich auch gut mit größeren Breiten ausführen.
Aus Gründen der Arbeitsicherheit darf bei der Bandsäge die obere Rollenführung nicht wesentlich höher eingestellt sein, als es die Dicke des Werkstücks erfordert. Weiterhin muß der entstehende Staub, der beim Sägen entsteht, durch eine entsprechende Absaugvorrichtung an der Maschine gut abgesaugt werden. Die Holzberufsgenossenschaft schreibt z. B. vor, daß sich nicht mehr als 2 mg Holzstaub im m^3 Atemluft befinden dürfen.
Für größere Figuren steht nicht immer das entsprechende Holz in genügender Dicke zur Verfügung. Deshalb muß man sich in einem solchen Fall Holz verleimen. Hierzu ist eine Abrichthobelmaschine von großem Nutzen. Die auf der Abrichthobelmaschine gehobelten Holzflächen werden Kern an Kern und Splint an Splint mit Hilfe von

Bandsäge mit einem Rollendurchmesser von 35 cm. Mit dieser Maschine kann man eine Schnitttiefe von 15 cm erreichen.

Schraubzwingen aneinander geklebt. Zum Glattschleifen der Stellfläche einer Figur ist eine Bandschleifmaschine oder eine Tellerschleifmaschine sehr nützlich.

Leime und Kleber

Die Verwendung von Leim kann aus verschiedenen Gründen notwendig werden. Zum einen muß verleimt werden, wenn die Dicke des vorhandenen Materials nicht ausreicht, um die Figur auszuführen, die man schnitzen möchte. Zum anderen müssen möglicherweise Fehler im Holz ausgebessert werden, und auch ein Fehler bei der Arbeit kann unter Umständen durch ein Wiederansetzen eines Holzstückes sehr gut behoben werden.
Früher war das Verleimen oft recht mühselig. Der gebräuchlichste Leim war der Glutin- oder Knochenleim. Er wurde und wird in Perlform oder in

Tafeln im Handel angeboten. Dieser Leim muß in einem Wasserbad angesetzt und erwärmt werden, darf jedoch nicht kochen. Beim Verleimen mit Glutinleim muß man die zu verleimenden Flächen vorwärmen, damit der Leim beim Auftragen nicht abschreckt und so seine Klebkraft verliert. Wenn der Glutinleim abgeschreckt ist oder auch „verreckt", wie oft dazu gesagt wird, erstarrt er, bevor eine feste Verbindung mit dem Holz entstanden ist. Auch die Raumtemperatur ist beim Antrocknen des Leims sehr wichtig. Sie sollte bei 22 – 25 °C liegen.

Eine Vorstufe der synthetischen Leime ist der Kaseinleim. Verwendet wird Kaseinleim heute eigentlich nur noch für denkmalpflegerische Arbeiten.

Dem Kaseinleim folgten bald die Zweikomponentenleime. Es sind Leime mit Härtern, die in der Regel alle relativ einfach zu verarbeiten sind. Schwierigkeiten, wie es sie beim Arbeiten mit Glutinleim gibt, treten hier nicht auf. Empfehlenswert ist es aber, sich über die günstigsten Verarbeitungstemperaturen zu informieren und während des Verleimvorganges zügig zu arbeiten. Je besser die zu verleimenden Flächen vorbereitet sind (Paßgenauigkeit), desto größer ist der Erfolg. Bei dem Zweikomponentenleim muß man sich immer genau an die Vorgaben des Herstellers halten. Auf keinen Fall darf man die Menge des Härters erhöhen, da sonst der Leim viel zu spröde wird und es zu sehr unschönen Brüchen der Fuge kommen kann. Seit einigen Jahren sind auch hochwertige Leime auf dem Markt, die den Zusatz von Härter nicht mehr benötigen.

Einen kompletten Überblick über die Leime kann man hier nicht geben, da die Fülle der Hersteller und Leimarten kaum noch zu übersehen ist. Doch auch hier gilt wieder der Grundsatz, daß eine sauber gefügte Leimfläche und zügiges Arbeiten beim Verkleben den Erfolg garantieren.

Beim Verleimen muß auf die Regel Kern an Kern und Splint an Splint geachtet werden.

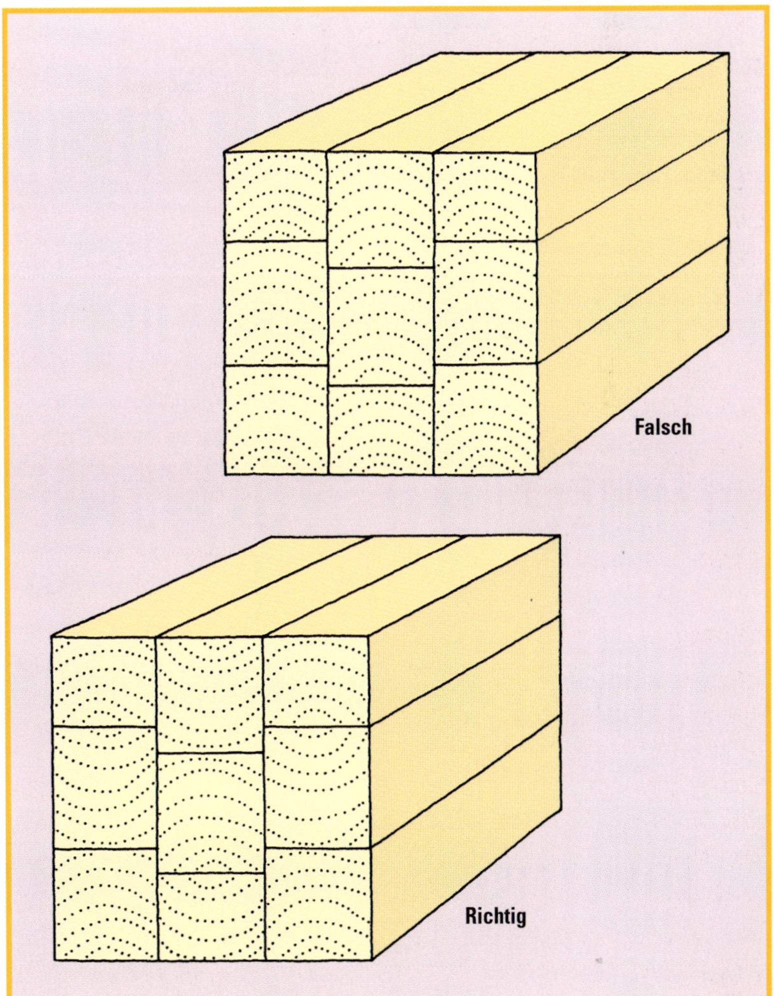

Traditionelle Figuren aus dem Erzgebirge, mit Gouachefarben bemalt. Dargestellt sind Bergleute im festlichen Habit als Lichtträger von Günter Hermann.

Am besten eignen sich zur Farbgestaltung der Oberfläche Öl- und Temperafarben. Besonders gut geeignet sind Gouachefarben, da sie eine feine Pigmentstruktur haben. Mit dünnen Ölen, wie Terpentin oder Paraffinöl, kann neben der Färbung auch die Maserung noch hervorgehoben werden. Bei Mattinen, Lacken und Beizen sollte man allerdings individuell herausfinden, welche Mittel den eigenen Gestaltungsvorstellungen am besten entsprechen. Es empfiehlt sich allerdings, die Farbgebung erst an Probestücken zu versuchen, damit die fertige Arbeit nicht durch eine falsche Farbgebung verdorben wird.

Doch erst, wenn die Farbe, Beize und Mattine richtig trocken sind, kann man das wirkliche Ergebnis sehen. Man sollte deshalb die Gebrauchsanweisungen der Hersteller vorher gründlich lesen.

Wachsbeizen sind für den Hobbyschnitzer die einfachsten und somit am leichtesten erlernbaren Mittel zur Oberflächengestaltung. Die Wachsbeizen gibt es in den verschiedensten Farbtönungen. Sie werden mit einem weichen Pinsel aufgetragen und im „halbangetrockneten Zustand" vertrieben, d. h. der Pinsel wird dann zum Verteilen der Beize nur noch in Faserrichtung geführt. Ist die Beize flächendeckend aufgetragen und vertrieben, muß sie gut trocknen. Erst wenn die Beize an allen Stellen gut getrocknet ist, kann man die Arbeit mit einer mittelweichen Bürste gefühlvoll bürsten. Dies geschieht am besten, indem man unter sanftem Druck die Bürste in Faserrichtung auf der gebeizten Fläche hin und her bewegt, ähnlich dem Blankputzen bei Schuhen.

Es muß darauf geachtet werden, daß die Schnitzarbeit nicht mit dem harten Körper der Bürste berührt wird, da sonst dunklere Streifen entstehen. Die in der Wachsbeize befindlichen Wachspartikel werden so auf dem Holz verteilt und bewirken einen unaufdringlichen Glanz.

Der Gebrauch von Lacken zur farblichen Gestaltung setzt dagegen viel Fingerspitzengefühl und Erfahrung voraus. Das Risiko ist deshalb groß, eine schöne Arbeit durch den Lackauftrag zu verderben. Es wird oft versucht, handwerkliche Unzulänglichkeiten unter einer dicken Lackschicht zu verbergen. Das ist aber sicherlich der falsche Weg. Wenn also Lack zur Gestaltung der Oberfläche unbedingt verwendet werden soll, dann sollte dies nur so zurückhaltend wie möglich geschehen, d. h. der Lackauftrag muß so dünn wie möglich sein, weil sonst ein aufdringlicher Glanz entsteht, der dem Holz seinen natürlichen Charakter nimmt.

Werden die Figuren vorher bemalt, muß
- die Malfarbe gut getrocknet sein und
- sich die Malfarbe mit dem Lack vertragen.

Um ein eventuelles Verwischen der Malfarbe zu vermeiden, sollte man hier den Lack mit einer Spritzpistole auftragen. Doch auch hier gilt unbedingt: „Ein Hauch genügt!" Auch beim Lackauftrag mit der Spritzpistole sollte immer vor dem Spritzen der fertigen Arbeit an einem Probestück getestet werden, um die richtige Konsistenz des Lacks zu prüfen. Es gibt verschiedene Faktoren, die die Qualität des Lackauftrags beeinträchtigen können. So kann z. B. bei zu starkem Auftrag der Lack verlaufen und es bilden sich die sogenannten Nasen. Sind bei ringporigen Hölzern die Poren offen und dringt aus diesen Poren Luft, kann es zur Bläschenbildung kommen. Wird das Holz vorher mit Porenfüller behandelt, der immer farblich zum jeweiligen Holz passen muß, kann die Bläschenbildung verhindert werden. Porenfüller wird in unterschiedlichster Art angeboten und man sollte sich genau an die Angaben der Hersteller halten. Wichtig ist dabei, daß man zu jedem Holz einen farblich passenden Porenfüller verwendet, da sonst die Poren eher betont als kaschiert werden.

Während das Bemalen einer Figur mit Lasurfarben relativ einfach ist, verlangt die Faßmalerei sehr umfangreiche Kenntnisse und muß wie ein Handwerk erlernt werden. Die Faßmalerei wurde von den alten Meistern angewandt und mitunter auch zur Optimierung der Formqualität genutzt. Da der Kreidegrund modellierbar ist, wurden verschiedene Partien an einer Figur nicht sehr sauber geschnitten, sondern mittels des Kreidegrundes verfeinert. Das Besondere an der Faßmalerei ist, daß die Farbe (Temperafarbe) nicht direkt auf das Holz gemalt wird, sondern erst, wie bei einem

Ein Waldarbeiter in Arbeitskleidung. Die Gouachefarbe unterstützt die erzählende Art zu schnitzen. Man sieht einen selbstbewußten arbeitsamen Menschen, meisterhaft dargestellt von Günter Hermann.

Vergolderwerkzeuge und Material: Anschießer, Büchel mit Blattgold, Bolus, Vergolderkissen, Polierachate, Einkehrpinsel.

Im Gegensatz zum Blattgold hat das Schlagmetall ein größeres handesübliches Format. Schlagmetall muß aber zum Schluß gründlich mit Zapponlack überstrichen werden.

Auftragen des Kreidegrunds in mehreren Schichten.

Mit einer Leimlösche wird die Kreidegrundschicht abgedeckt.

Die Verbindung zwischen Kreidegrund und Blattgold schafft das Poliment. Hier wird es aufgetragen.

Mit einem Messer wird ein Blatt Blattgold aus dem Büchel auf das Vergolderkissen gelegt.

Ein Anschießer wird durch Hin- und Herbewegen der Haare auf der Haut elektrostatisch aufgeladen.

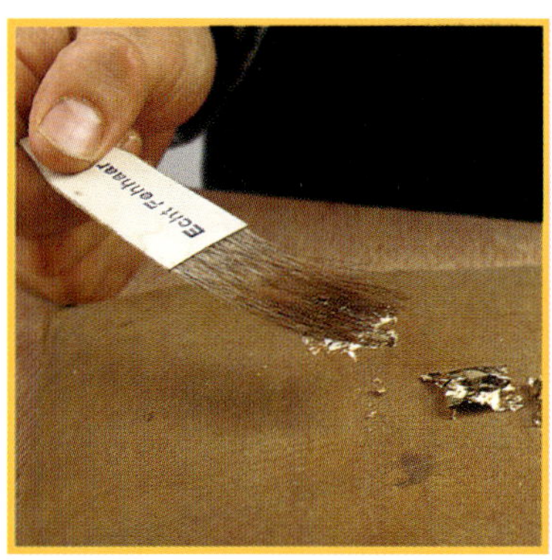

So läßt sich das zerteilte Blattgold gut vom Vergolderkissen aufnehmen.

Das aufgenommene Blattgold wird auf das vorbereitete Poliment gebracht.

Bei einem bestimmten Trocknungsgrad – das Poliment darf nicht zu trocken und nicht zu feucht sein – ist das Gold polierbar. Dies erfolgt mit dem Polierachat.

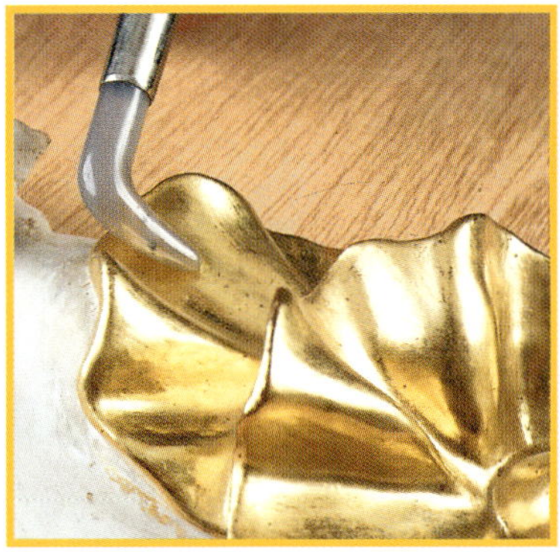

Der Polierachat erlaubt das Polieren auch in den schwierigsten Ecken. Bei zu trockenem oder zu feuchtem Untergrund besteht die Gefahr des Durchpolierens.

Anders als bei der Polimentvergoldung wird bei der Ölvergoldung das Gold nicht mit dem Achat poliert, sondern mit dem Einkehrpinsel „eingekehrt".

Tafelbild, ein Malgrund hergestellt werden muß. Dieser besteht aus mehreren Schichten Kreidegrund, dessen Hauptbestandteile Kreide und Glutinleim sind. Diese Kreidegründe werden in unterschiedlichen Verhältnissen von Leim und Kreide aufgebracht.

Ebenso wie bei der Faßmalerei ist zur Polimentvergoldung ein Kreidegrund nötig. Die Polimentvergoldung ist die hochwertigste Art der Vergoldung. Als Werkzeuge dienen: ein Vergolderkissen aus Leder, Anschießer und Polierachat. Außerdem benötigt man das sogenannte Poliment, also die Goldhaftschicht, die aus Bolus, einer fetten Tonerde, hergestellt wird.

Die Anschießer sind flache Pinsel, die in Pappe gehalten werden.

Der Polierachat wird aus einem Achat hergestellt und zeichnet sich dadurch aus, daß er einen gut handhabbaren Griff hat und eine absolut ebene und blanke Oberfläche aufweist.

Das Poliment wird auf den Kreidegrund aufgetragen, und solange es noch feucht ist, wird Blattgold mit Hilfe eines Anschießers angeschossen. Das Anschießen des Goldes erfolgt, indem das Blattgold vorsichtig aus dem Büchel auf das Vergolderkissen gelegt wird. Danach wird das Goldblättchen in die benötigte Größe geschnitten.

Mit Daumen und Zeigefinger erfaßt man den Anschießer an der Pappe und streicht die Haare mehrmals über die Wange oder ein sauberes Kleidungsstück. Hierbei lädt sich der Anschießer elektrostatisch auf, und bei Annäherung an das Goldblättchen heftet sich dies an die Haare des Anschießers.

Die vorher mit Poliment bestrichene, zu vergoldende Stelle muß noch in feuchtem Zustand sein. Durch das Annähern des Anschießers mit dem Goldblättchen an die polimentierte Stelle wird das Gold zum Poliment gezogen und haftet dann dort.

Ist das Poliment zwar nicht mehr feucht, aber auch noch nicht ganz trocken, kann man das angeschossene Blattgold mit einem Achat noch polieren.

Einfacher ist die Ölvergoldung. Die zu vergoldende Fläche wird mit einem Anlegeöl bestrichen. Nach einem vom Hersteller auf der Verpackung des Öls angegebenen Verarbeitungszeitpunkt wird das Gold wie bei der Polimentvergoldung angeschossen, aber nicht poliert, sondern mit einem speziellen Einkehrpinsel eingekehrt. Ein Einkehrpinsel ist ein dichter, weicher Rundpinsel. Das Einkehren erfolgt, indem man mit diesem Pinsel leicht über die vergoldete Fläche streicht. Man muß vermeiden, daß der Einkehrpinsel Stellen berührt, die mit feuchtem Anlegeöl bestrichen sind. Das führt zur Beschädigung des Einkehrpinsels.

Polimentvergoldung und Faßmalerei sind komplizierte Techniken und für Anfänger nicht empfehlenswert. Aber für erfahrene Hobbyschnitzer eröffnen sich neue Gestaltungsmöglichkeiten.

Einzelne Phasen beim Entstehen einer Figur.

Soll eine wirklich gute Figur entstehen, sind einige wichtige Vorarbeiten nötig. „Zeichne Antonio, zeichne Antonio, zeichne und verlier keine Zeit", dies soll Michelangelo an den Rand von Schülerzeichnungen geschrieben haben. Daran hat sich bis heute im Grunde nichts geändert. Auch für den Hobbyschnitzer ist es nützlich und hilfreich.
Durch das Zeichnen gewinnt man Erkenntnisse, die für den bildnerischen Fortgang äußerst wichtig sind. Hier werden entscheidende Probleme deutlich, die mit Hilfe der Zeichnung leichter gelöst werden können. Ist eine Figur zeichnerisch bewältigt, dann kann es zwar noch zu dem Material geschuldeten Schwierigkeiten kommen, aber der komplizierte gedankliche Aufbau der Figur hat durch die Zeichnung ein solides „Gerüst" bekommen. Je sorgfältiger eine Zeichnung ausführt wird, um so sicherer wird dann auch die eigene plastische Umsetzung.

Mit welchem Material gezeichnet wird ist eigentlich zweitrangig. Ob Bleistift, Kreide, Kohle, Feder oder Kugelschreiber, es ist alles möglich und geeignet, wenn es zum guten Gelingen beiträgt. Will man jedoch absolut sicher gehen, daß die Figur auch den eigenen Vorstellungen entspricht, sollte man sie nach dem Zeichnen und vor dem eigentlichen Schnitzen in Plastellin oder Ton modellieren. Das Modellieren hat den Vorteil, daß das weggenommene Material immer wieder angesetzt werden kann. Holz, das bei einer geschnitzten Figur einmal abgenommen wurde, läßt sich nicht wieder anfügen – es ist ein für allemal weg. Die modellierte Plastik kann die dreidimensionale Umsetzung einer Figur sehr erleichtern. Das Übertragen eines solchen Modells in Holz ist dann mit Hilfe von Zirkel und Taster nicht mehr schwer. Das Übertragen des Modells mit Zirkel und Taster geschieht wie folgt:

Am Modell und am Werkstück werden drei Punkte festgelegt. Diese sollten sich am besten am Sockel befinden. Dann überträgt man eine bestimmte Stelle des Modells jeweils von den drei Punkten aus auf die Figur. Stimmen die Abstände der drei Punkten bei Modell und Schnitzfigur überein, darf nichts mehr weggeschnitzt werden.

Danach wird auf die gleiche Weise der nächste Punkt überprüft. Wenn genügend solche Punkte erarbeitet wurden, kann man den Rest mit Augenmaß vergleichen bzw. überprüfen. Man kann aber die Arbeit immer noch mit dem Zirkel kontrollieren.

Wer ein wenig mehr Geld in sein Hobby investieren kann, dem sei der Kauf eines Punktiergerätes geraten. Das Punktiergerät ist ein verstellbares Holz- oder Messingkreuz, an dem drei verstellbare Spitzen befestigt sind. Mit ihm kann man auf einmal die Abstände einstellen und übertragen.

Nachdem Zeichnung und Modell den eigenen Vorstellungen entsprechen, muß das Schnitzholz vorbereitet werden. Das bedeutet, daß aus dem angelegten Holzvorat ein Stück Holz mit den nötigen Maßen ausgewählt

Zeichnen einer Figur im Profil mit Bleistift und Zeichenkarton. Die Zeichnung läßt sich wegen ihrer Profildarstellung leicht als Schablone übertragen.

Übertragen des Tonmodells ins Holz mit Hilfe von Zirkel und Taster.

Mit dem Außentaster kann man die Breite eines Modells genau abtasten.

werden muß. Hierauf überträgt man die Zeichnung in der Draufsicht und schneidet dann, wenn vorhanden, mit der Bandsäge ihre Konturen aus. Läßt sich die Figur um 90° drehen, kann man auch noch die vorher auf das Holz übertragene Seitenkontur ausschneiden. Damit erspart man sich einige körperliche Anstrengungen. Aber auch ohne Bandsäge kommt man gut zum Ziel. Es dauert nur etwas länger, denn man muß das Holz, das man sonst mit der Säge abnimmt, mit seinen Schnitzwerkzeugen wegschnitzen.
Je nach Größe der zu schnitzenden Figur muß man sich entscheiden, ob man diese „in der Hand" schnitzt, d. h. das zu beschnitzende Holz beim Arbeiten mit der Hand festhält, oder in der Bank bearbeitet, also das Material in die Schnitzbank einspannt. Kleinere Figuren kann man oft besser in der Hand schnitzen, da man sie so viel leichter hin und her bewegen kann.

Wenn verhältnismäßig große Figuren geschnitzt werden sollen, spannt man diese zur groben Anlage erst einmal zwischen die Bankhaken ein. So kann man ohne Probleme mit dem Knüppel und großen Eisen arbeiten. Nach dem groben Anlegen wird in die Figur dann die Figurenschraube gedreht und diese in die Schnitzbank eingespannt. Sind die Figuren nicht zu groß (15 – 25 cm), können sie gleich auf die Figurenschraube gedreht werden.

Beim geschnitzten Objekt kann man die Breite überprüfen.

Mit dem Zirkel kann man die Entfernung bestimmter Punkte feststellen.

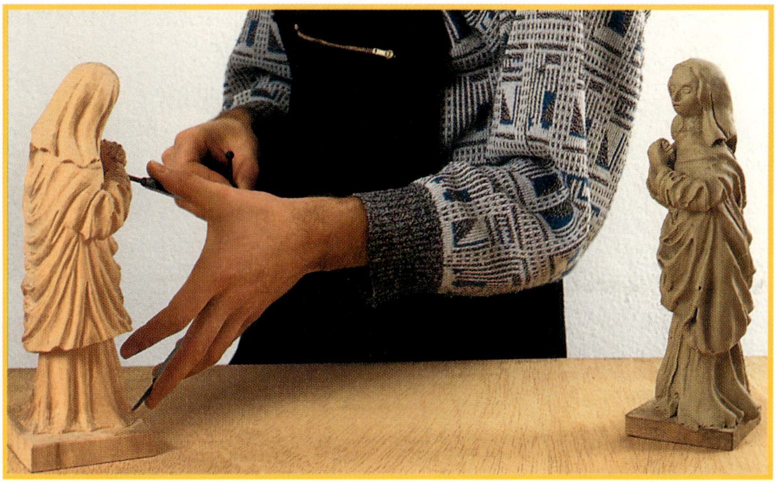

Die festgestellte Entfernung läßt sich dann auf die geschnitzte Figur übertragen.

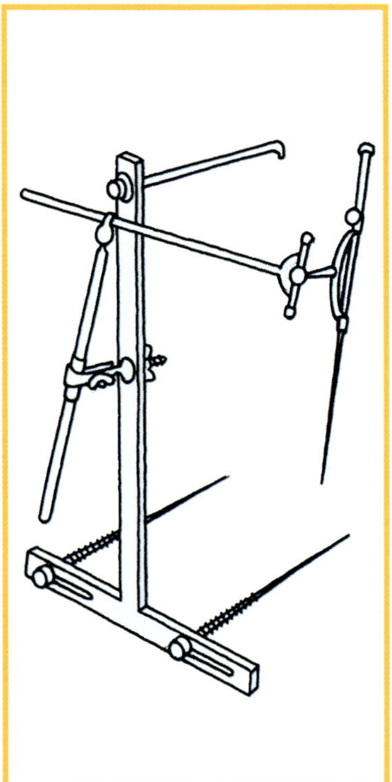

Mit einem Punktiergerät kann man sich ein genaues Kopieren erleichtern.

Die aufgezeichnete Figur.

Die Zeichnung wird auf stärkeren Karton übertragen und die Kontur mit einer Schere ausgeschnitten. Auf diese Weise entsteht eine Schablone.

Die Schablone wird unter Berücksichtigung der Faserrichtung auf ein passendes Stück Holz gelegt und die Kontur aufgezeichnet.

Jetzt kann mit dem Aussägen begonnen werden. Die Höhe des Bandsägenschutzes wird entsprechend der Dicke des zu bearbeitenden Holzes eingestellt und das Werkstück an das Bandsägeblatt herangeführt.

Motivwahl

Die eigentliche kreative Arbeit beginnt mit der Motivwahl. Diese ist erfahrungsgemäß sehr stark von dem Charakter, den Neigungen sowie der Gefühlswelt eines jeden einzelnen abhängig.
Ganz unterschiedliche Interessen kommen hier zum Tragen. Die erhaben wirkende Figur kann ebenso interessant sein wie die heitere Darstellung. Menschen, Tiere oder freie Formen – alles ist möglich und alles können reizvolle Motive sein. Wenngleich alles möglich ist, sollte sich doch jeder seinen eigenen Maßstab schaffen, um zu einem guten Resultat zu gelangen. Wer mit wachem Auge durch die Welt geht, wird immer Motive in reicher Auswahl finden. Ist es hier eine lauernde Katze, dort eine Darstellung aus dem Landleben, woanders eine zur Säule stilisierte Trachtenfigur, ein Hund, ein Vogel oder vielleicht eine Schnecke – nichts hindert uns, das ins Holz zu schneiden, was wir uns vorgenommen haben. Natürlich müssen auch Regeln beachtet werden. So geduldig, wie sich das Material Holz gibt, verleitet es doch dazu, ihm gewissermaßen Gewalt anzutun. Deswegen ist die Materialgerechtigkeit für alle, die mit Holz gestalten wollen, ein wichtiger Begriff.
Was bedeutet Materialgerechtigkeit? Der Gestalter muß ein Gefühl dafür entwickeln, daß die Art und Weise der Darstellung dem Material entspricht bzw. seine Ausführung den Wuchs des Holzes berücksichtigt. Holz verlangt grundsätzlich nach geschlossenen Formen. Weit ausladende Bewegungen, wie sie z. B. im Barock üblich waren, würden bei der Umsetzung ins Holz große Probleme bereiten. Eine einfache Regel besagt deshalb: Wenn von einer geschnitzten Figur nichts abbrechen kann, dann ist sie auch materialgerecht gestaltet. Deshalb sollten rechtwinklig zur Faserrichtung abstehende Körperteile oder Attribute unbedingt vermieden werden.
Am besten ist es, wenn man sich erst mit einigen Zeichnungen Klarheit darüber verschafft, wie die Arbeit am Schluß aussehen soll. Je sorgfältiger man sich zeichnerisch

Für Arbeiten, wie das Figurenausschneiden an der Bandsäge, gibt es an der Maschine keine Schutzvorrichtungen für die Hände. Deshalb muß mit größter Vorsicht gearbeitet werden.

Beim Aussägen mit der Bandsäge sollte nicht zuviel Druck auf das Bandsägeblatt ausgeübt werden, da es sonst eventuell reißen kann.

Die ausgesägte Figur.

Mit einem Windeisen oder Mutternschlüssel schraubt man die Figurenschraube in den Fuß des ausgesägten Werkstücks. Man muß darauf achten, daß die Schraube nicht durch den Sockel durchgeschraubt wird. Deswegen ist es empfehlenswert, die Schraube unter einem Bein anzusetzen.

auf das geplante Vorhaben vorbereitet, desto leichter ist es dann, die Vorstellungen auch dreidimensional ins Material umzusetzen.
Viele Hobbyschnitzer begehen den Fehler, eine so detailgetreue Figur wie nur möglich schaffen zu wollen. Das wird bei einem Anfänger in der Regel nicht funktionieren. Deshalb sollte man sich erst einmal auf das Wesentliche der Figur und deren Formen beschränken.
Entscheidend ist zuerst die Form, die dem Betrachter das Wesen der gestalterischen Absicht nahebringt. Ein Kragenknopf oder ein Schnürsenkel können reizvolle Attribute sein, aber wenn die Form nicht gründlich durchdacht ist, können diese Nebensächlichkeiten, auch mit noch so viel Akribie und Aufwand herausgearbeitet, keine gute Figur mehr daraus machen.

Die freie Form

Nicht immer braucht man ein Vorbild aus der Natur, um gestalterisch arbeiten zu können. Die freie Form birgt viele Möglichkeiten, kreative Ideen unkonventionell umzusetzen und der Phantasie freien Lauf zu lassen.
Die unterschiedlichsten Herangehensweisen sind hier möglich.
Es kann mit trigonometrischen und auch geometrischen Formen konstruiert werden. Man kann dem vorgegebenen Material und seiner Struktur folgen oder auch verschiedene Bearbeitungstechniken kontrastvoll zusammenbringen.
Wer sich die nötige Freiheit nimmt und dabei trotzdem handwerklich diszipliniert bleibt, wird bald merken, wie lustvoll das Gestalten freier Formen sein kann.
Es gibt einige Wege, eine freie Form zu gestalten. Man kann sich als eine mehrerer Möglichkeiten vor allem dem Material und seiner Struktur widmen. Aber was findet man nun in dem Material Holz, das zum Gestalten reizt? Es können zum Beispiel Äste, Wimmer, Verwachsungen, Einschlüsse sein, die interessante Gestaltungsmöglichkeiten bieten. Hier kann man ansetzen und sich vom Holz verführen lassen.
Wimmer, Verwachsungen und sonstige Holzfehler sind immer wieder Ausgangspunkte für individuelle Gestaltungen. Neben den erwähnten Holzfehlern gibt die Maserung, vorwiegend die der Nadelhölzer, Raum zum Gestalten. Man kann z. B. einen Holzblock aus Fichte, Kiefer oder Lärche nehmen und in jede Seite eine muldenförmige Vertiefung schneiden und dann die verschiedenen Linienführungen der Maserung genau betrachten, die sich ergeben haben.
Aus dieser Linienstruktur läßt sich ein reiches Formenspiel entwickeln, und man stellt schnell fest, daß es eine unendliche Vielfalt an Möglichkeiten gibt und daß die Natur mit uns, und wir mit der Natur spielen dürfen.
Anders wird ein konstruktiv veranlagter Gestalter vorgehen. Er arbeitet eher mit Linien, die sich kreuzen oder parallel laufen, und die Quadrate oder Rechtecke bilden. Sie werden auf das Stück aufgezeichnet und mit tiefen Kerben ins Holz gearbeitet. Es können streng geometrische Formen erhaben und gekerbt ausgearbeitet werden. Jedes Material wird dabei anders wirken. Die Vielfalt von Struktur und Wuchs, selbst wenn man sie ganz bewußt nicht beachtet, wird am Ende die Arbeit reizvoll werden lassen. Besonders hervorheben lassen sich solche Reize noch zusätzlich durch eine interessante Behandlung der Oberfläche, z. B. durch ein konsequentes Schleifen oder durch strukturbelebende Techniken wie Sandeln, Bürsten, Brennen und Beizen.

Eine freie Form, gestaltet aus der Phantasie. Dem Werkzeug wurde gewissermaßen freier Lauf gelassen und nichts in die Form interpretiert, mit der Intuition, sich an der reinen Form zu erfreuen.

Das Anlegen

In die Schnitzbank wird eine Figurenschraubenhalterung eingespannt und in diese die Figurenschraube mit dem aufgeschraubten Werkstück eingeführt.

Die Figurenschraube wird in der Halterung mit einer Flügelmutter festgeschraubt. Jetzt kann man das Werkstück in jede Richtung bewegen.

Das Anlegen ist der entscheidende Arbeitsgang beim Schnitzen. Es bedeutet das Erarbeiten der groben Form. Fehler, die hier begangen werden, setzen sich notwendigerweise bis in die fertige Figur fort. Deswegen ist es ratsam, beim Anlegen so sorgfältig wie nur möglich vorzugehen. Das Anlegen wird mit einem Hohleisen bzw. einem Bohrer Stich 8 – 10 ausgeführt. Außerdem benötigt man gelegentlich einen Knüppel oder auch Klüpfel (die unterschiedliche Bezeichnung des gleichen Werkzeugs hat regionale Gründe. Reicht die Körperkraft beim Schnitzen nicht mehr aus, so kann man dieses Werkzeug zur Hilfe nehmen.

Es gibt eigentlich keine Regel, die festlegt, an welcher Stelle man mit dem Ausarbeiten einer Figur beginnt oder endet. Im allgemeinen beginnt man aber vom Kopf her nach unten zu arbeiten.

Es ist ein Zeichen von guter Herausarbeitung der Form, wenn man die Arbeit in jeder Phase abbrechen könnte und das Ergebnis auch unfertig reizvoll aussieht. Eine Figur sollte man immer unter dem Aspekt anlegen, das Ergebnis korrigierbar zu halten, d. h. scharfe Einschnitte, die etwas Endgültiges haben, sollten unbedingt vermieden werden. Es muß immer noch genügend Material vorhanden sein, um Details ändern zu können. Formt man zu früh Einzelheiten aus, beraubt man sich selbst der Korrekturmöglichkeiten.

Mit einem nicht zu kleinen Bohrer oder Hohleisen beginnt man mit dem Anlegen der Figur. Es sollte allerdings zuerst Klarheit darüber bestehen, wo wieviel Holz weggeschnitzt werden muß.

Die einzelnen Attribute, die den Charakter der Figur bestimmen, werden grobflächig herausgearbeitet; in diesem Fall Arm und Flinte des Jägers.

Ist die Anlage so weit fortgeschritten, daß man mit dem Ergebnis zufrieden ist, folgt das Zusammenziehen der angelegten Flächen. Mit dem Hohleisen oder Bohrer, mit dem die Figur schon angelegt wurde, schneidet man die Grate, die sich zwischen den Bohrerschnitten der Anlage gebildetet haben, nieder. Es entstehen jetzt aber neue, kleinere und flachere Grate, mit denen ebenso, wie beschrieben, verfahren wird. Es erweist sich immer wieder als sinnvoll im wahrsten Sinne des Wortes, Abstand zu seiner Arbeit zu gewinnen. Deshalb sollte man ab und zu einige Schritte von der Figur zurücktreten und so die entstehende Form kontrollieren. Auch eine längere Unterbrechung hilft, eventuell gemachte Fehler deutlicher zum Vorschein zu bringen. Wird die Arbeit einige Stunden oder auch Tage beiseite gelegt und während dieser Zeit etwas anderes getan, fördert dies durchaus die eigene Kritikfähigkeit. Auch vermeidet man so unnötige Anlagefehler.

Bei der Ausführung einer Schnitzarbeit muß unbedingt darauf geachtet werden, daß nur quer zur Wuchsrichtung des Holzes oder mit der Wuchsrichtung geschnitten wird. Niemals sollte gegen die Wuchsrichtung gearbeitet werden.

Bereiche der Figur, die gegen die Wuchsrichtung geschnitten wurden, wirken stets unsauber und zudem birgt eine solche Arbeitsweise ein

Die Breite der Figur wird festgelegt.

Die Form nimmt allmählich Gestalt an. Die Beine, die Arme und der Kopf mit dem Hut sind herausgearbeitet. Einige Details, wie die Hand, die den Riemen der Flinte hält, müssen noch herausgearbeitet werden.

nicht zu unterschätzendes Unfallrisiko in sich.
Ist die Figur fertig angelegt, kann man sich dem Sauberschneiden zuwenden.
Gelegentlich bereitet beim Anlegen das Einspannen Schwierigkeiten. Größere Figuren, gleich am Anfang mit Hilfe der Figurenschraube eingespannt, beginnen beim Bearbeiten mit dem Knüppel zu federn. Das ist sehr unangenehm und hinderlich bei der Arbeit. Man muß hier etwas erfinderisch sein. Gibt es noch eine Möglichkeit, den Kopf etwas festzukeilen, geht man diesem Problem aus dem Weg. Das ist aber nicht immer möglich, da sich häufig schon bei den ersten Schlägen die Verkeilungen wieder lösen. Anschrauben läßt sich der Kopf oft auch nicht, da man so ein sehr unschönes Bohrloch im Kopf erhalten würde. Deshalb ist es besser, die Figur, und hier besonders den oberen Bereich, zuerst zwischen den Bankhaken eingespannt, anzulegen. Diese Arbeitsweise ist zwar nicht optimal, weil die Figur praktisch quer vor dem Schnitzer, also in einer ganz anderen Position, zu liegen kommt, als sie dann fertig vom Betrachter zu sehen ist. Diese Arbeitsweise erfordert deshalb ein ständiges Überdenken der Arbeit. Da dies einem Anfänger gewiß nicht sofort gelingt, sollte er die Figur öfter einmal ausspannen, überprüfen, eventuelle Korrekturen anzeichnen und dann wieder einspannen.

Die fertig angelegte Figur.

Ist die Form im wesentlichen geklärt, kann mit dem Sauberschneiden begonnen werden. Die hauptsächlichen Elemente haben ihre Form erhalten.

Das Sauberschneiden

Zum Sauberschneiden verwendet man kleinere Eisen als zum Anlegen, denn die einzelnen Details müssen jetzt diffiziler herausgearbeitet werden.

Auch während des Sauberschneidens können noch Formkorrekturen durchgeführt werden.

Beim Sauberschneiden werden die kleineren Formen konkretisiert, die sich innerhalb der größeren angelegten Form befinden. Dazu können jetzt alle in Frage kommenden Werkzeuge verwendet werden. Das Balleisen und die Flacheisen kann man hierbei von beiden Seiten benutzen. Die anderen Eisen werden immer mit der Fasenseite am Holz geführt. Beim Sauberschneiden können nun die unterschiedlichsten Strukturen sichtbar gemacht werden. Haar, Haut, Stoff, Leder, Korb, Sackleinen oder Tierfell – alles kann man durch unterschiedliche Strukturen hervorrufen.

Daß es hierzu ein wenig Phantasie und Einfallsgabe bedarf, ist wohl selbstverständlich. So kann z. B. Haar mit dem Geißfuß, mit einem Zierbohrer oder durch gleichmäßiges Aneinanderfügen von Kerbschnitten gestaltet werden. Jede Vorgehensweise schafft trotzdem ein, wenn auch unterschiedliches, gültiges Ergebnis. Es lohnt sich also immer wieder, verschiedene Gestaltungsweisen auszuprobieren. Dabei sollte man auch ruhig den Alten Meistern über die Schulter schauen. Ein Faltenwurf etwa von Tilmann Riemenschneider ist schon eine tolle Sache. Doch Achtung, niemand trägt heute solche Art der Kleidung und solche Stoffe. Andere Zeiten bedürfen eben anderer Ausdrucksformen, auch wenn man bei den Klassikern der Schnitzkunst viel über die Ausführung

Die wesentlichen Werkzeuge beim Sauberschneiden sind Flach- und Balleisen sowie hochschenklige Bohrer.

Hier wird die Figur mit einem Wachsbeizeanstrich versehen.

Ist die Beize leicht angetrocknet, wird sie noch vertrieben. Dadurch erzielt man eine gleichmäßigere Farbigkeit.

erfahren und daraus lernen kann.
Wie der Begriff „Sauberschneiden" schon sagt, soll die Figur saubergeschnitten fertiggestellt werden. Eine wichtige Regel dabei lautet: „Mit dem Schnitt fällt der Span." Das bedeutet, daß der Span durch den Schnitt abfallen oder nach dem Schnitt weggeblasen werden muß. Gelingt das nicht, so hat es keinen Sinn, daran zu zupfen, um ihn zu entfernen. Wird der Span nur abgerissen, bleiben immer noch Reste der Fasern stehen, die dann den Eindruck von Schmuddeligkeit bei der Figur hervorrufen.

Bei tiefergelegenen Stellen kann man unter Umständen nur gegen die Wuchsrichtung des Holzes arbeiten. Hier muß besonders vorsichtig vorgegangen werden, und besonders wichtig ist in diesem Falle ein sehr scharfes Werkzeug. Wenn man dann gegen die Faser und immer noch ein wenig quer schneidet, kann man ein gutes Ergebnis erreichen.

Da das Holz ein natürlich gewachsenes Material ist, sind Unregelmäßigkeiten ganz normal. Diese Unregelmäßigkeiten sind so etwas wie der Schmuck des Holzes. Wie langweilig sähe ein Brett aus, wenn jeder Zentimeter die gleiche Struktur hätte. Da aber jedes Holzstück seine Eigenart hat und keines genau wie das andere ist, wird jeder Schnitzer durch die enorme Vielfalt der Verwachsungen, Wimmer, Äste und dergleichen oft vor große Schwierigkeiten beim Sauberschneiden gestellt. Ein gerade gewachsenes Stück läßt sich sowohl längs zur Faser als auch quer dazu recht gut schneiden. Kommt man aber zu einer Stelle mit Wimmerwuchs, beginnen die Probleme, da ständig die Wuchsrichtung wechselt. Sie stellt an den Schnitzer und sein Einfühlungsvermögen große Anforderungen. Das wichtigste ist hierbei, die abzunehmende Spandichte so gering wie möglich zu halten. Deshalb sollte man jetzt besser zehn dünne Spänchen abtragen, als mit einem Schnitt ein zu tiefes Loch in das Holz zu reißen. Man muß hierbei sehr aufmerksam sein und bei jedem Span die Wuchsrichtung gewissermaßen erfühlen. Läßt die Konzentration nach, passiert hier sofort ein Fehler. Ganz wichtig ist es auch, daß man beim Bearbeiten solcher Stellen das Werkzeug noch einmal extra scharf abzieht und versucht, so viel wie möglich quer zur Faser zu schneiden. Man sollte auch nicht unbedingt an stehengebliebenen Fasern herumzupfen, sondern sich der schon erwähnten Regel erinnern: Mit dem Schnitt fällt der Span!

Ein anderes „Übel" sind für jeden Schnitzer die Äste. Während bei großen Figuren die Äste selten den optischen Eindruck stören und eher einen zusätzlichen ästhetischen Reiz darstellen, können sie bei einer kleineren Figur das ganze gestalterische Konzept durcheinanderbringen. Besonders bei Lindenholz ist es gelegentlich so, daß ein unscheinbares Ästchen um so größer wird, je weiter man daran schnitzt. In der Regel

Nach dem Trocknen wird die Figur mit einer mittelweichen Bürste gebürstet und ist dann fertiggestellt.

Die einzelnen Entstehungsstadien der Figur auf einen Blick.

merkt man dies allerdings schon beim Anlegen. Sollte man den Ast aber doch erst beim Sauberschneiden bemerken, und sollte er das Aussehen der Figur nicht zu sehr stören, muß man auch ihn konsequent sauberschneiden. Das geschieht in der Regel so, daß man mit dem Eisen von allen Seiten her in Richtung des Astzentrums schneidet. Ein seitliches Ziehen der Schneide ist hier sehr hilfreich.

Da Äste eine wesentlich größere Härte haben als das übrige Holz, kommt es vor, daß bei solchen Arbeiten die Schneide ausbricht oder sich umlegt. Deswegen ist es besser, hier ein Eisen zu wählen, bei dem die Fase etwas kürzer geschliffen ist. Dadurch ist die Fase stabiler. Man muß jetzt aber etwas mehr Kraft aufwenden, denn bei einer kürzeren Fase ist der Schnittwinkel stumpfer. Durch ein solches Vorgehen schont man jedoch sein Werkzeug sehr.

Die Art des Sauberschneidens kann sehr unterschiedlich gehandhabt werden. Es gibt Schnitzer, die eine absolut glatte Fläche nur mit dem Schnitzwerkzeug erzielen. Das zeugt von hoher handwerklicher Fertigkeit. Manchmal unterstützt allerdings ein noch sichtbarer Schnitt den eigenen gestalterischen Willen. Ein jeder Schnitzer sollte hier den ihm gemäßen Weg wählen.

Grundkenntnisse der Anatomie des Menschen und des Tiers sind ein wichtiges Gebiet des figürlichen Gestaltens. Natürlich ist es für den Hobbyschnitzer ein zu großer Bereich, um sich hier umfassendes Wissen aneignen zu können. Doch einige Grundregeln zu beachten, erweist sich als sehr hilfreich, soll die gestaltete Figur eine entsprechende Wirkung erzielen. Schon die großen Meister des Altertums und der Renaissance haben die Anatomie perfekt beherrscht und damals entsprechende Regelwerke erarbeitet (Praxiteles, da Vinci, Dürer). Basis ausgewogener Proportionen ist die richtige Bestimmung der Körperteile zueinander. In der Regel wird der Kopf als Grundmaß (Kanon) genommen. Bei einem erwachsenen Menschen rechnet man ca. acht Kopflängen auf die Körperhöhe. Vom Kopf beginnend, ergeben sich also einige wichtige markante Punkte. Bei zwei Kopflängen befinden sich Brustwarzen und Achselhöhlen, die Taille bei drei Kopflängen. Die Körpermitte mit Schambein und zwei herabhängenden Armen sowie das Handgelenk werden bei vier Kopflängen markiert. Das Knie befindet sich etwa bei sechs Kopflängen. Natürlich müssen auch geschlechtsspezifische Unterschiede beachtet werden, wie z.B. die Schulterhöhe. Während sich beim Mann das Schultergelenk 1/3 Kopflänge unter dem Kinn befindet, ist es bei der Frau eine 1/2 Kopf-

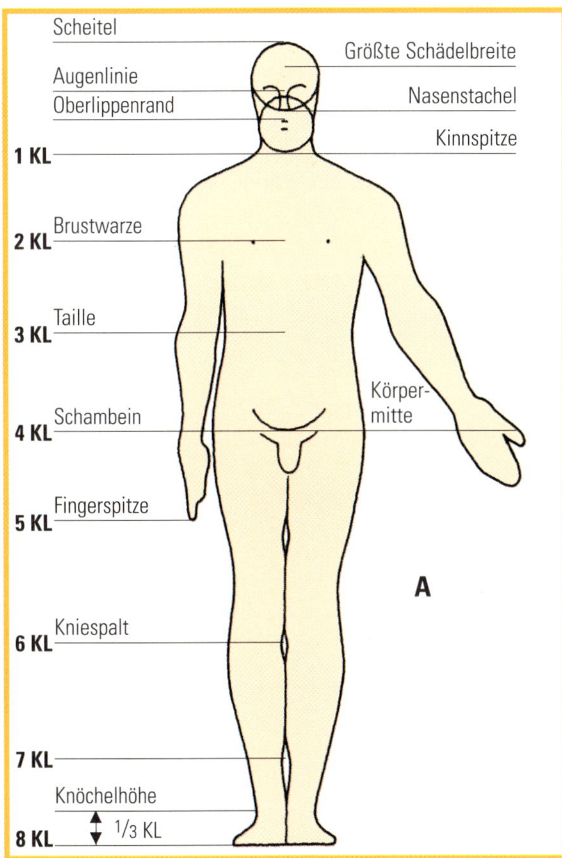

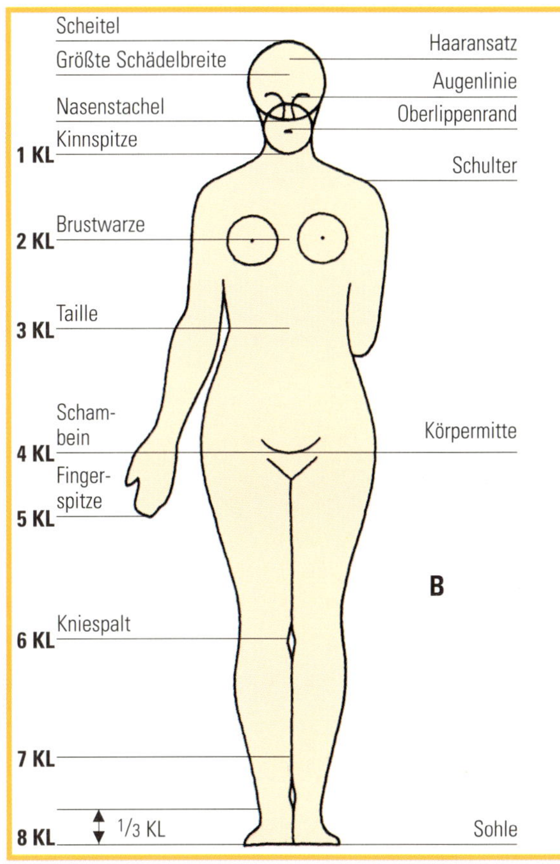

Körperschema mit einem Kanon von 8 Kopflängen nach G. Bammes (A = männliche Figur; B = weibliche Figur).

◀ Tonmodelle in Holz übertragen: Stück für Stück gemessen mit Zirkel und Taster, wird es ganz genau.

länge darunter. Das bedeutet also, daß die Schultern einer weiblichen Figur auch in der Gestaltung tiefer angesetzt werden müssen.
Nun erschöpft sich die Anatomie allerdings nicht nur in den Verhältnismaßen des menschlichen Körpers, sondern beinhaltet das überaus komplizierte Zusammenspiel von Knochen, Muskeln, Sehnen, Haut und Fettpolstern. Um hierbei nicht zu viele Fehler zu machen, sollte man seine Umgebung sehr sorgfältig beobachten und vor allem erst einmal viel zeichnen. Es reicht für die Gestaltung sicher nicht aus, einen Menschen nur in aufrechter Haltung mit angelegten Armen darzustellen. Das würde rasch langweilig. Vielmehr soll jede Figur individuelle Züge erhalten und zeigen, was der dargestellte Mensch tut und wer er ist.
Es ist die Bewegung des Körpers, der Ausdruck des Gesichts und der Hände, die Stellung des Körpers im Kontrapunkt, d. h. die Darstellung mit Stand- und Spielbein, die ein wirklich interessantes Ergebnis ergeben. Zudem werden die Menschen nicht nur nach Geschlechtern unterschieden. Es gibt drei Grundtypen:

- die leptosomen, d. h. die sehr schlanken Typen,
- die athletischen Typen, auf die sich alle Idealvorstellungen der Körperproportionen beziehen, und die
- pyknischen Typen, die umgangssprachlich auch als die Dicken bezeichnet werden.

Nur in ganz wenigen Fällen läßt sich ein Mensch eindeutig einem bestimmten Typen zuordnen. Fast jeder Mensch ist ein Mischtyp mit vorherrschenden Merkmalen eines bestimmten Typs.
Der Gesichtsausdruck, auch Mimik oder Physiognomie genannt, eröffnet einem Gestalter von Figuren ein unerschöpfliches Reservoir an Darstellungsmöglichkeiten, wobei der Gesichtsausdruck fast immer mit einer entsprechenden Körperhaltung korrespondiert. Die Nuancierungen des Gesichtsausdrucks scheinen unendlich. Da gibt es Freude und Zorn, Aufmerksamkeit und Entspanntheit, Nachdenklichkeit und Ekel, aber auch Entsetzen, Enttäuschung, Schmerz und Verachtung.

Kinderkopf, lebensgroß in Rüsterholz geschnitzt. Lehrlingsarbeit im 3. Lehrjahr.

Es fällt dabei auf, daß der Mensch für Negativäußerungen seiner Befindlichkeit ein scheinbar größeres Ausdrucksrepertoire hat. Je tiefer man in die Anatomie eindringt, desto mehr Fragen, Probleme und Verknüpfungen entstehen. Diese sollen und können hier nicht alle bearbeitet werde. Der an mehr Details Interessierte kann sich aber in einer Vielzahl von Publikationen weitere ausführliche Informationen beschaffen. Die Anatomie sollte als ein wichtiger Bestandteil des figürlichen Gestaltens zwar ernst genommen, aber auch nicht überbetont werden, um die Arbeiten nicht an wissenschaftlicher Exaktheit erstarren zu lassen. Das Wichtigste bleibt immer die gestalterische Absicht, und diese läßt sich nur mit reiner Anatomie nicht verwirklichen.

Der Kopf

Soll eine bekleidete Figur geschnitzt werden, dann sind Kopf und Hände diejenigen Teile der Figur, die auch am meisten der Kritik des Betrachters ausgesetzt sind. Deshalb neigt man als Schnitzer dazu, diesen Körperteilen auch die meiste Aufmerksamkeit zu schenken.
Das ist auch gar nicht so falsch, denn man kann immer wieder beobachten, daß Fehler der übrigen Anatomie einer Figur bei weitem nicht so wahrgenommen werden wie beim Kopf und speziell beim Gesicht. Auch hier gilt wieder, wie überall, die eigene Beobachtung als beste Grundlage guten Arbeitens. Wichtig ist vor allem, daß man Mut zur Plastizität entwickelt. Bei vielen geschnitzten Figuren ist zu sehen, daß Gesichter nur sehr flächenhaft dargestellt werden. Diese wirken dann meist ausdruckslos und unbeholfen. Das rührt daher, daß sich viele Anfänger oft scheuen, das Holz auch wegzunehmen, um somit eine Tiefenwirkung zu erreichen.
Wichtig ist es aber, die markant hervortretenden Gesichtsteile auch wirklich zu betonen.
Dabei ist es sehr nützlich, das entstehende Gesicht auch immer wieder im Profil zu sehen, denn man verliert leicht die Übersicht über die Gestaltung des Profils, wenn man nur von vorn arbeitet. Also ist es wichtig, die Figur immer wieder von mehreren Seiten zu betrachten.
Die Nase muß immer der hervorstehendste Teil eines Gesichts sein. Die Augen werden als eine Art Kugel in der Augenhöhle ausgearbeitet, die leicht daraus hervortreten und von den Lidern überdeckt werden.
Der Mund wird durch die Wülste der Lippen gebildet und von den Mundwinkeln begrenzt. Nasenflügel, Jochbein, Stirn und Kinn sind für die Darstellung eines Gesichts wichtige Elemente. Nasenflügel können ausladend, aber auch zart, ein Jochbein kann hervorspringend, aber auch unauffällig, die Stirn hoch oder flach und das Kinn kräftig oder spitz sein – all das trägt zum Ausdruck des Gesichts bei.
Wichtig ist auch die Aufteilung des Gesichts. Eine Regel besagt, daß sich die Augenlinie in der Gesichtsmitte befinden muß. Ein Drittel der Gesichtshöhe entspricht der Länge des Nasenrückens. Die Anordnung der Ohren ist entsprechend der Nasenhöhe.
Fehler werden oft auch bei der Gestaltung des Mundes gemacht. Häufig wird zu viel Platz zwischen Mund und Nase gelassen. Dabei ist darauf zu achten, daß die Oberlippe sich ganz organisch von den Nasenflügeln aus hervorwölbt, wieder zurückspringt und sich darunter wieder die Unterlippe hervorwölbt. Das Kinn schließt dann das Gesicht nach unten ab.
Alle diese Ausprägungen des Gesichts lassen sich im Alltag in vielfältiger Form beobachten. Die Summe dieser Eigenheiten macht den Charakter eines Gesichts aus. Dies richtig beobachten zu lernen, sollte sich jeder Schnitzer angewöhnen. Es wird vielleicht nicht immer gleich gelingen, die Beobachtung dann in eine Figur umzusetzen, aber man sollte sich nicht entmutigen lassen und es wieder versuchen.
An dieser Stelle sind auch einige Hinweise zur Darstellung von Kindlichkeit, Jugend, Alter und der Geschlechtsspezifik nützlich, die man beachten sollte.

Die Kindlichkeit wird betont,

- wenn sich die Augenlinie deutlich sichtbar unterhalb der Gesichtsmitte befindet,

Günter Hermann, Figuren der Barbara Uthmann und des Adam Ries.
Die Darstellung und die Haltung der Hände tragen viel zur Ausdruckskraft einer Figur bei.

- wenn die Nase sehr klein und die Augen sehr groß sind,
- wenn die Wangen sehr weiche Formen erhalten und ein besonders großer Hinterkopf geformt wird.

Je älter der dargestellte Mensch sein soll, desto prägnanter werden die Formen des Gesichts, d. h. die Nase wird größer, die Augen werden kleiner und treten mehr zurück, die Wangen sind nicht mehr so rund, sondern das Jochbein tritt stärker hervor. Bei einer männlichen Figur spielt auch der Adamsapfel eine wichtige Rolle. Ein spezifisch weiblicher Ausdruck wird immer durch weichere Formen erreicht. Auch das Haar birgt vielfältige Möglichkeiten, Männlichkeit oder Weiblichkeit darzustellen.

Die Hände

Die Darstellung der Hände bereitet vielen Anfängern Probleme. Deswegen sollte jeder noch ungeübte Hobbyschnitzer die Hände anfangs so reduziert wie nur möglich darstellen, d. h. es sollte zu Beginn genügen, die großzügige Form mit Andeutung der Finger zu gestalten. Nach einiger Übung und Erfahrung mit den Eigenheiten der Anatomie der Hände können diese dann auch differenzierter ausgearbeitet werden. Die Hände sollten so geformt sein, daß eine gerade Handfläche ebenso groß ist wie die dazugehörende Gesichtsfläche. Die Hände bieten ein breites Spektrum an Ausdrucksmöglichkeiten. Es gibt grazile Frauenhände, derbe Hände eines schwer arbeitenden Mannes und dann wieder die rundlichen Hände eines Kindes, die für den Schnitzer interessant sein können.
Häufig wird von den noch ungeübten Anfängern nicht darauf geachtet, daß die Ausarbeitung der Hände dem Faserverlauf des Holzes angepaßt sein muß. Hier werden dann

auch die allermeisten Fehler gemacht. Quer zur Faserrichtung abstehende Hände oder gar Finger können leicht abgebrochen werden. Deshalb ist es schon beim Entwurf ganz wichtig, sich klar darüber zu werden, wie die Haltung der Hände dem Faserverlauf angepaßt werden kann.

In Eichenholz geschnitzt: ein älteres Paar. Es strahlt Ruhe und Zufriedenheit aus und liebt sein beschauliches Plätzchen.

Die Kleidung

Die größte Fläche einer Figur nimmt in der Regel die Kleidung ein. Hier bestehen viele Möglichkeiten zu gestalterischer Kreativität. Die Falten und Stauchungen eines Stoffes sowie die Saumenden bestimmen den allgemeinen Eindruck der Figur. Man kann Kleidung ganz sparsam andeuten oder aber mit der Kleidung eine ausdrückliche Gestaltungsabsicht unterstützen. Möchte man etwa eine historische Figur darstellen, so ist die Bekleidung schon Indiz dafür, zu welcher Zeit diese Person wirklich gelebt hat. Von manchen Personen der Geschichte haben sich bestimmte Gewänder beim Publikum eingesprägt, wie man sie z. B. an Denkmälern immer wieder sehen kann. Dies sollte brücksichtigt werden, will man eine solche Figur schnitzen.
Neben Stofftextur und Faltenwurf kann z. B. die Darstellung etwa von Rüschen, Spitzen, Schnüren und besonderen Kragenformen die Figur bereichern. Das bedeutet aber nicht, daß mehr Zierrat eine Figur zwangsläufig verbessert. Man kann aber mit solchen Mitteln eine etwas zu statisch geratene Komposition interessanter gestalten.
Alle diese Darstellungsmittel sind möglich und sollten auch ausprobiert werden. Es ist allerdings gut, sich darauf zu besinnen, daß erst in der Beschränkung der Meister zu erkennen ist, und mit wenigen Falten und Attributen eine gute, interessante Gestaltung erzielt werden kann.

Ein in einfachen Formen geschnitzter Hahn aus Kiefernholz. Eine Lehrlingsarbeit in der 10. Lehrwoche.

Die ursprünglichste Art zu schnitzen ist das Schnitzen mit dem Messer, und wahrscheinlich hat schon jeder einmal versucht, etwas mit einem Messer in Holz zu schneiden: Sei es eine Kerbe in einen Wanderstock, seien es die eigenen Initialen oder die der Angebeteten. Es ist immer reizvoll, ein einfaches Messer zum Schnitzen zu verwenden. Vermutlich haben unsere Vorfahren schon in der frühen Urzeit Figuren mit ihren primitiven Messern hergestellt. Daß davon leider nichts erhalten geblieben ist, liegt an der Vergänglichkeit des Materials, dem Holz.

Sieht man sich aber Höhlenzeichnungen, z. B. in Spanien und Südfrankreich, oder die Kleinplastiken unserer Vorfahren aus Keramik oder Speckstein an, ist mit Sicherheit anzunehmen, daß das leicht zu bearbeitende Material Holz auch verwendet wurde. Sicherlich kann man mit etwas Geduld aus einem Stück Holz und einem einfachen Messer ohne weitere Hilfsmittel eine Figur schnitzen, denn wie ein alter Schnitzerspruch scherzhaft sagt, steckt die Figur sowieso schon im Holz. Man muß nur das nicht dazugehörige Holz wegnehmen. Das soll eigentlich heißen, daß man zu dem besten Ergebnis kommt, wenn man von Beginn an klare Vorstellungen über das angestrebte Ziel hat.

Günstig ist es für einen Anfänger, als Einstieg Figuren auszuprobieren, die durch ein sehr charakteristisches

Profil bestimmt werden. Hierfür eignen sich besonders gut Tierfiguren, die man anfangs am besten mit paralleler Beinstellung schnitzt. Dazu muß man zuerst eine Darstellung im Profil erarbeiten, und nach einigen Versuchen mit dem Zeichenstift kann man auf dieser Grundlage ein brauchbares Modell entwickeln.
Anschließend schneidet man sich eine Schablone aus, die auf ein Brettchen aus Lindenholz übertragen wird. Die Größe des Holzstücks muß der Größe der Tierfigur entsprechen. Mit einer geeigneten Säge, etwa einer Bandsäge, Laubsäge oder Dekopiersäge, wird die aufgezeichnete Figur ausgeschnitten. Hierbei kommt es darauf an, die Konturen so sauber wie möglich zu treffen. Gelingt das beim Aussägen nicht, schneidet man erst einmal die Konturen mit dem Schnitzmesser nach. Auch wenn die Säge nicht fein genug ist und der Sägeschnitt zu stark auffällt, ist ein Nachschneiden der Kontur zu empfehlen.
Ist dieser Schritt abgeschlossen, werden die Kanten gebrochen, d. h. mit dem Schnitzmesser wird in einem Winkel von ca. 45° eine Fase um die Konturen geschnitten. Es muß bei diesem Arbeitsschritt darauf geachtet werden, daß nicht gegen das Holz geschnitten wird. Wird gegen den Faserverlauf gearbeitet, besteht immer eine Verletzungsgefahr und die Arbeit wird nicht sauber. Das bedeutet, daß man beim Schnitzen auf den Verlauf der Wuchsrichtung achten und mit dem Holzwuchs arbeiten muß. Dies ist anfangs nicht ganz einfach und es bedarf erst einiger Erfahrung, um zu wissen, wann man mit oder gegen das Holz schneidet. Deshalb sollte man besonders zu Beginn eventuellen Verletzungen vorbeugen. Aus Rollenpflaster kann man sich einen Schutzverband herstellen, der Schnittverletzungen verhindert. Dazu wird das Pflaster erst mit der nichtklebenden Seite um den Finger gewickelt, dann dreht man das Pflaster so, daß die klebende Seite zum Finger weist, bzw. Klebefläche auf Klebefläche kommt. Auf diese Weise kann man sich Schutzkappen für die Finger herstellen, deren Form individuell der Fingergröße angepaßt ist und die jederzeit

Zeichnen einer Katze im Profil auf Papier.

Ausschneiden einer Schablone.

Mit dem Bleistift wird das Kätzchen auf das Brett übertragen. Es muß darauf geachtet werden, daß der Schwanz in Faserrichtung zeigt.

Beim Aufzeichnen muß die Faserrichtung beachtet werden.

Mit der Dekupiersäge wird die Tierfigur ausgeschnitten. Hat die Säge keinen Niederhalter, muß man darauf achten, daß das Brett bei der Rückbewegung nicht mit nach oben gerissen wird. Dabei kann das Laubsägeblatt leicht zerstört werden.

abgenommen und wieder aufsteckt werden können. Solche Kappen fertigt man sich am besten für Daumen, Zeige- und Mittelfinger. Diese Schutzmaßnahme ist keineswegs nur für Anfänger nützlich. Beruflich arbeitende Schnitzer verwenden diesen Fingerschutz auch noch nach vielen Jahren der Berufspraxis, denn es ist nie auszuschließen, daß man den Faserverlauf des Holzes nicht richtig einschätzt, seine Festigkeit falsch beurteilt oder einen vorhandenen Riß übersieht. Die richtige Dicke dieser Schutzkappen aus Rollenpflaster ist wiederum ein Erfahrungswert. Die Schutzkappe darf beim Arbeiten nicht zu stark behindern, darf aber auch nicht zu dünn sein, da sie sonst ihre Schutzfunktion verliert.

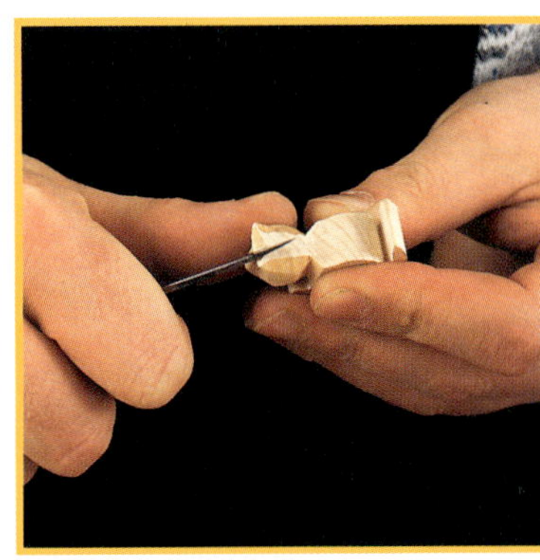

Mit zwei weiteren Schnitten arbeitet man die Ohren heraus.

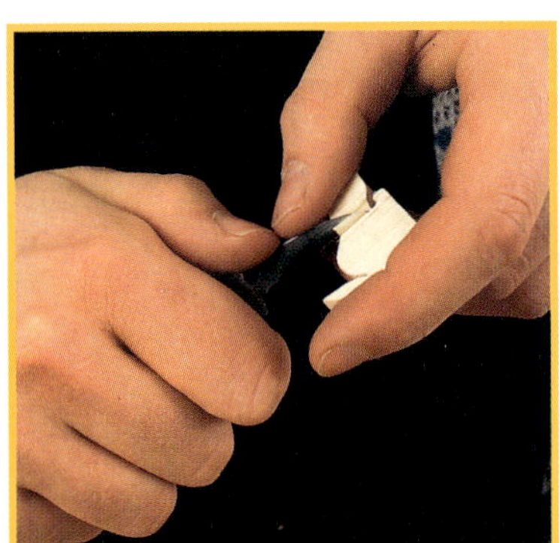

Die zweite Kerbe muß parallel zur ersten verlaufen.

Zuerst wird mit zwei Kerbschnitten der Kopf vom Körper begrenzt.

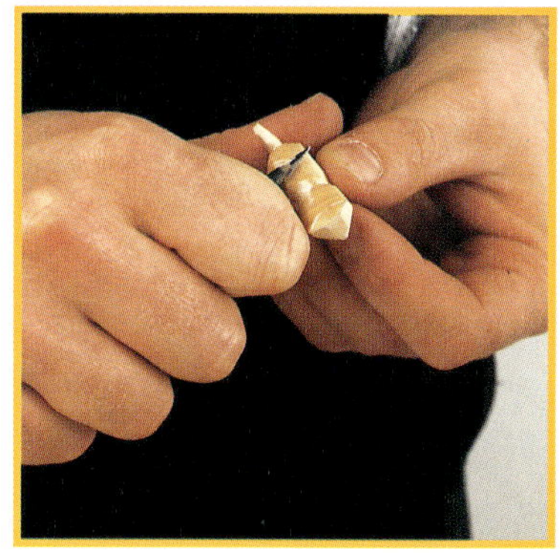

Ist der Sägeschnitt noch zu sehen, entfernt man ihn mit wenigen Schnitten.

Der Rücken wird mit Schnitten vom Kopf zum Buckel und vom Schwanz zum Buckel angefast.

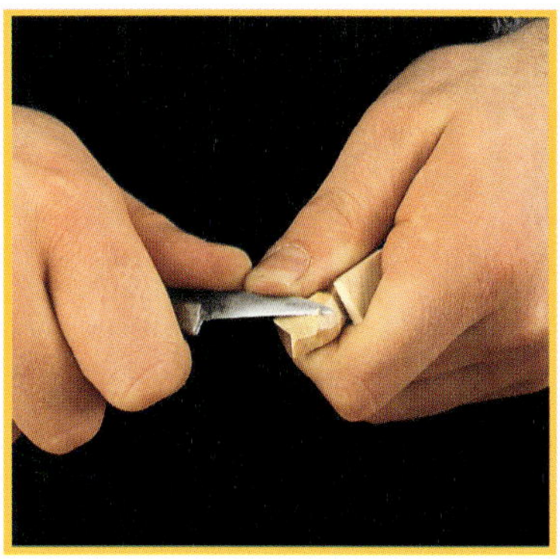

Das Gesicht entsteht, indem man zur Nase hin die Kanten des Holzes bricht.

Die um das Tierprofil laufende Fase wird an der Standfläche bzw. an den Pfoten, Hufen und an den Ohren unterbrochen. Diese spezielleren Formen werden dann entsprechend dem Charakter des jeweiligen Tieres herausgearbeitet. Ebenso wird durch Abflachung der Fase und durch gezielte Einkerbungen die charakteristische Form des jeweiligen Tieres unterstützt.
Soll ein stehendes Tier geschnitzt werden, müssen auch die Beine ausgearbeitet werden. Dies erreicht man am leichtesten, wenn ein kleiner Schnitt mit einer Feinsäge zwischen die Beine gesetzt wird und mit der Messerspitze vom Rumpf zu den unteren Extremitäten hin die Beine ausgearbeitet werden.

Am schwierigsten ist sicherlich das Herausarbeiten des Schwanzes . Hier wird die Dicke des Schwanzes festgelegt.

Mit der Messerspitze wird versucht, den Schwanz schön rund zu schnitzen.

Die Entstehungsphase des Kätzchens.

Einfache ausgesägte Tierfiguren.

Die meisten Tiere haben einen für ihre Art charakteristischen Schwanz. Diesen richtig herauszuarbeiten ist oft schwierig. Er sollte immer eine solche Stellung haben, daß er die gleiche Richtung hat wie der Faserverlauf des Holzes. Das gilt auch für die Beine. Hier werden oft schon beim Aufzeichnen Fehler gemacht. Wurde die Figur schon falsch aufgezeichnet, werden Beine und Schwanz beim Schnitzen mit großer Wahrscheinlichkeit abbrechen. Selbst wenn es gelänge, die Figur trotzdem fertigzustellen, würden dann beim Berühren Teile der Figur mit Sicherheit abbrechen.

Unsaubere oder auch verschwitzte Hände können die Qualität der Arbeit in recht unangenehmer Weise beeinträchtigen, da sich Schmutz- oder Schweißpartikel besonders an den Schnittkanten abzeichnen und diese dann unsauber werden lassen. Je länger man die Figur bearbeitet, desto eher entsteht ein schmuddeliger Eindruck. Dies kann man nur verhindern, indem man sich öfter und gründlich die Hände wäscht. Besonders bei Anfängern besteht noch häufiger die Gefahr, daß eine Arbeit verschmutzt wird, da die Figur anfangs sehr häufig noch recht unentschlossen in der Hand hin und her gedreht wird. Das bedeutet besonders hier: saubere Hände, saubere Arbeit.

Einfache ausgesägte und beschnitzte Tierfiguren.

Zusammengesetzte Figuren können lustige Szene ergeben.

Selbstgefertigte Schnitzmesser.

Im Gegensatz zur einfachen Art Tiere zu schnitzen, steht dieses Ochsengespann mit vielen Details, geschaffen von Günter Hermann.

Steinböcke mit wachem Auge beobachtet und hervorragend ins Holz umgesetzt von Günter Hermann.

Konturen einfacher Tierfiguren in paralleler Beinstellung. Sie sind zum Aussägen an der Dekupiersäge geeignet. Mit wenigen Messerschnitten lassen sich einfache geschnitzte Tiere herstellen.

Der Begriff des Reliefs hat seinen Ursprung im lateinischen „relevare" und bedeutet „erheben". Ein Relief ist also gewissermaßen eine Plastik in der Fläche. Es ist dabei unerheblich, ob diese Fläche eben oder gewölbt ist. Eine gewölbte Fläche gibt es z. B. beim Säulenrelief.
Die Besonderheit des Reliefs ist es, die Eigenschaften der Plastik mit den charakteristischen Möglichkeiten der Zeichnung zu vereinigen.
Mit der Plastik hat das Relief die Dreidimensionalität gemeinsam. Es ist tastbar und damit körperlich, und ein Lichtwechsel bedingt den Wechsel seines Erscheinungsbilds. Von der Zeichnung her rührt beim Relief die Staffelung, die Perspektive oder die Darstellung von Großräumen, wie z. B. Landschaften.

Vier Reliefarten werden unterschieden:

- das Hochrelief,
- das flachplastische Relief,
- das halbhohe Relief,
- das Flachrelief.

Das Hochrelief hat optisch für Betrachter keine Verkürzungen, es ist im Grunde eine Vollplastik mit Hintergrund. Beim flachplastischen Relief ist aus Betrachterperspektive die Tiefendimension um einen Verhältnisfaktor verkürzt.
Beim halbhohen Relief, auch Semi-Relief genannt, verkürzt sich die Tiefendimension um die Hälfte. Am meisten verkürzt sich die Tiefendimension beim Flach- oder Basisrelief.
Die Verkürzung bedeutet nicht etwa ein Wegschneiden der hinteren Seite einer Vollplastik, sondern nach proportionalen und optischen Gesetzmäßigkeiten verschiebt sich der Wölbungsakzent. Bestimmend für die Relieftiefe sind der Reliefgrund und die oberste Reliefebene. Der obersten Reliefebene entspricht das Ausgangsmaß der Platte oder des Blocks, in den das Relief geschnitten wird. Der Reliefgrund ist die vom Betrachter aus tiefste Stelle des Reliefs.
Die größten Schwierigkeiten in der Ausführung bringt sicherlich ein Hochrelief mit sich. Hier ist es z. B. notwendig, daß Figuren oder andere Teile des Reliefs hinterschnitten werden, d. h. man muß bei der fertigen Arbeit zum Teil noch hinter die Figur sehen können. Dies gelingt an manchen Stellen dann nur noch mit gekröpften oder verkehrt gekröpften Werkzeugen. Deshalb empfiehlt es sich für einen Einsteiger, sich erst mit Flachreliefs zu begnügen. Hier kommt es vor allem darauf an, die Verkürzungen der dritten Dimension richtig umzusetzen. Das ist zwar handwerklich einfacher als bei anderen Reliefarten, aber der Umsetzungsprozeß ist trotzdem sehr anspruchsvoll.

Voraussetzungen

Soll eine figürliche Darstellung als Relief geschnitzt werden, ergeben sich andere Voraussetzungen als bei einer Vollplastik.
Als erstes muß wieder der entsprechende Träger, also in diesem Fall eine Holzplatte, hergestellt werden. Ein sehr kleines Relief kann noch gut aus einem normalen Brett herausgearbeitet werden. Wenn aber ein Relief mit einer Breite von mehr als 25 cm erreicht werden soll, ist es notwendig, dafür das Holz zu verleimen. Dabei muß folgendes beachtet werden:
Wie schon im Abschnitt Verleimen gesagt, gilt der Grundsatz: Kern an Kern und Splint an Splint. Bei der Auswahl des Holzes ist es zum einen sinnvoll, so zu verleimen, daß vorwiegend stehende Jahresringe vorhanden sind, da sich die Tafel dann weniger verzieht. Zum anderen ist darauf zu achten, daß die Maserung der nebeneinanderliegenden Bretter keine allzu großen Unterschiede aufweist. Das gleiche gilt auch für den Farbton. Wechselt die Farbe und die Struktur des Holzes zu oft, dominiert dieser Farb- und Strukturwechsel beim fertigen Relief, und das Auge des Betrachters wird möglicherweise mehr darauf gelenkt, als auf die dargestellte Form.
Die Dicke der Tafel wird durch die Tiefe des geplanten Reliefs bestimmt. Ein Basisrelief verlangt keine so dicke Platte wie ein Hochrelief. Es wirkt zudem etwas un-

beholfen, wenn in eine mächtige Platte nur ein wenige Millimeter tiefes Relief gearbeitet wird.
Sind die Materialstücke nach Maserungsstruktur und stehenden Jahresringen sortiert, muß gefügt werden.

Das Fügen

Eine gute Fuge ist sehr wichtig für den Gesamteindruck der Arbeit, d. h. eine Fuge ist dann am besten, wenn man sie möglichst nicht sieht. Das erreicht man am besten durch ein genaues Einstellen der Abrichthobelmaschine und dadurch, daß man nicht zu viel Span mit einem Mal abnimmt und auch den Vorschub auf der Maschine nicht zu schnell be-

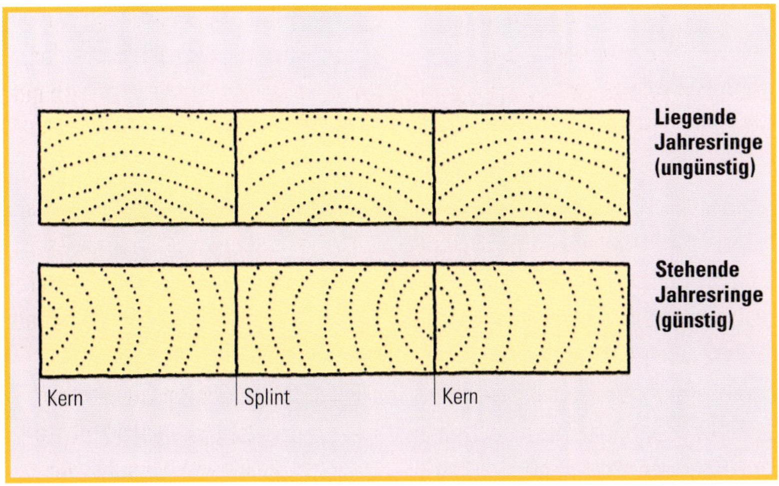

Stehende Jahresringe bewirken, daß sich eine verleimte Platte weniger verzieht. Bei liegenden Jahresringen kann sich die Platte stark verziehen.

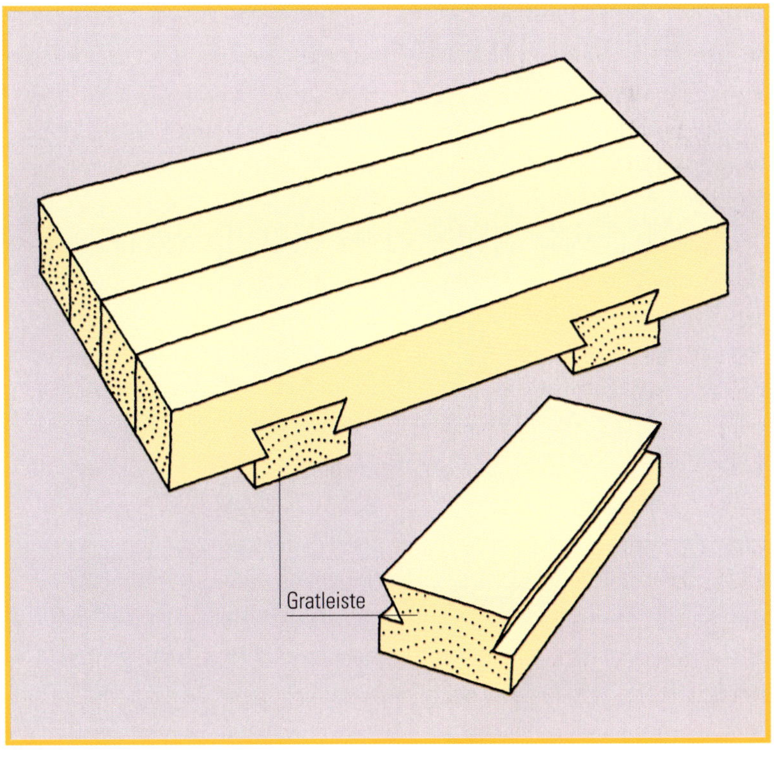

Durch Einziehen von Gratleisten kann das Verziehen einer Platte weitgehend verhindert werden.

treibt. Das gilt natürlich auch für Verleimungen ganz allgemein, ist aber bei der Herstellung einer solchen Platte besonders wichtig.
Die gefügten und sortierten Stücke werden jetzt nach dem schon bekannten Schema – Kern an Kern und Splint an Splint – mit Schraubzwingen zusammengeleimt. Nachdem der Leim getrocknet ist, werden die Zwingen gelöst und die Platte wird beidseitig genau abgerichtet. Um ihre Stabilität zu unterstützen und ihr Verziehen auch weiter zu verhindern, ist es empfehlenswert, Gratleisten einzuziehen.
Gratleisten sind Kanthölzer, an deren langer Seite ein Schwalbenschwanz eingefräst oder eingesägt, und das Gegenstück zum Schwalbenschwanz quer zur Faserrichtung in die Platte eingefräst wird, und zwar so, daß sich die Gratleiste unter Druck noch in die Platte einschlagen läßt.
Ein genaues Arbeiten ist hier sehr wichtig, denn wenn die Gratleiste zu leicht einzuschieben ist, verfehlt sie ihre Wirkung. Geht das Einschieben aber zu schwer, besteht die Gefahr, daß die Platte zerspringt. Paßgerecht und genau ist die Platte dann, wenn die Gratleiste, ohne eingeleimt zu sein, festsitzt. Natürlich ist das nicht in jeder Hobbywerkstatt ohne weiteres zu bewerkstelligen. Wer dies nicht ohne weiteres selbst machen kann, oder wem die nötigen Voraussetzungen in der eigenen Werkstatt fehlen, der sollte diese Arbeit von einem Schreiner, Stellmacher oder Zimmermann ausführen lassen.

Gestaltung eines Reliefs

Zur Gestaltung eines Reliefs ist eine gute Vorzeichnung ebenso wichtig wie für eine Vollplastik. Mit ihrer Hilfe kann man im Vorfeld schon bestimmte Probleme erkennen und Formen verändern, die sich nicht so einfach oder gar nicht ins Material umsetzen lassen.
Besonders wichtig beim Relief ist die Beachtung der Perspektive und deren Tücken. Zwar kann durch die im Relief vorhandene dritte Dimension die Perspektive unterstützt werden, aber durch eine ungünstige Schattenwirkung besteht die Gefahr, daß der Gesamteindruck in nicht gewünschter Weise beeinflußt wird. Am schwierigsten lassen sich Verkürzungen darstellen, wenn etwa ein ausgestreckter Arm auf den Betrachter zeigen soll. Solche Darstellungen sind sehr schwierig und dem Anfänger erst einmal nicht zu empfehlen. Es ist deshalb besser, anfangs nur Darstellungen im Profil zu schnitzen. Hier erweisen sich Tierdarstellungen immer wieder als dankbare Motive. Auch eine menschliche Figur im Schritt oder bei einer Tätigkeit ist hier gut vorstellbar. Die alten Ägypter haben uns dies schon vor langer Zeit beispielhaft vorgemacht.
Ist die gültige Zeichnung erstellt, kann man diese mit Hilfe von Kohlepapier auf die vorbereitete Platte übertragen. Hierbei ist darauf zu achten, daß kein Detail und keine Linie vergessen wird. Ist die Zeichnung erst einmal wieder vom Brett abgenommen, wird es schwierig, sie wieder deckungsgleich aufzulegen. Deshalb sollte man zur Kontrolle am besten nicht gleich alle Ecken der auf der Holzplatte befestigten Zeichnung lösen, sondern durch Abheben einer Seite der Zeichnung nachsehen, ob sie gut übertragen wurde. Jetzt kann mit dem Schnitzen begonnen werden.

Schnitzen des Reliefs

Zuerst wird die Platte gut eingespannt. Es empfiehlt sich, zwischen Bankhaken oder Schraubzwingen und der Platte kleine Zulagen zu legen, damit Druckstellen am Werkstück vermieden werden. Ist dies geschehen, beginnt man mit dem Anlegen des Reliefs. Dazu schneidet man mit einem Bohrer, der möglichst hochschenklig sein sollte (Stich 9 – 11), die Konturen des Motivs aus. Das erfordert große Aufmerksamkeit, da es passieren kann, daß man sich gegenseitig überlagernde Motive, wie etwa Menschen in einer Landschaft, nicht in die richtige Bildtiefe einordnet.
Der Vordergrund muß also am höchsten und der Hintergrund am tiefsten auf der Bildfläche gestaltet werden. Damit die Tiefe der einzelnen Ebenen auch über die ganze Bildfläche hin gleich bleibt, kann man sich verschiedener Hilfsmittel bedienen:
Man fertigt sich eine Leiste an, die mit einem Bohrloch versehen wird, das einen Bleistift halten kann. Der

Auch bei einem Relief ist das Zeichnen die erste wichtige Arbeit. Je klarer die Aussage der Zeichnung, desto einfacher wird die Umsetzung ins Holz.

Nach der Zeichnung stellt man sich eine Schablone aus Zeichenkarton her. Eine andere Möglichkeit der Übertragung ist die mit Pauspapier.

Mit Hilfe der Schablone wird die Zeichnung auf die Platte übertragen. Gegebenenfalls sollte man die Schablone an drei Punkten festkleben.

Nicht durchgezeichnete Stellen können noch nachgezeichnet werden.

Mit einem Bohrer Stich 9 – 11 schafft man eine Grundfläche. Dabei sollte man auch eine gleichmäßige Tiefe des Grundes erreichen.

Sind die Umrisse deutlich herausgearbeitet, kann mit einem Hohleisen Stich 6 – 8 der Grund freigelegt werden.

Ist der Grund angelegt, kann man dazu übergehen, das Motiv durchzuarbeiten. Hier sind die gleichen Arbeitsschritte wie beim Schnitzen einer Figur nötig.

Die äußere Form der Platte wird dem Motiv entsprechend angeglichen. Hier muß die Form eines Wappenschildes mit der Bandsäge ausgesägt werden.

Bleistift wird auf die entsprechende Tiefe gebracht und man kann somit alle Stellen gut ausmachen, die noch nicht die gewünschte Tiefe haben. Sehr hilfreich ist es, wenn man auf diese Art einige Punkte auf der Platte festlegt und dann die Flächenpunkte gleicher Höhe zu einer Fläche zusammenzieht. Dies macht sich am besten entweder mit einem Bohrer oder einem Hohleisen. Nicht immer kann man voraussehen, wie ein Relief später wirken wird. Deshalb sollte man beim Anlegen immer etwas mehr Holz stehenlassen, damit noch Material zum eventuellen Korrigieren vorhanden ist.
Sind Vordergrund, Bildmitte und Hintergrund angelegt, beginnt man mit dem Sauberschneiden.

Das Sauberschneiden

Bei flachen Reliefs ist das Sauberschneiden nicht allzu schwierig. Soll aber ein Hochrelief geschnitzt werden, so wird dieser Arbeitsgang schwieriger, da man nicht mehr alle Punkte des Reliefs mit einem geraden Eisen erreichen kann. In solchen Fällen muß mit gekröpften, verkehrt gekröpften oder gebogenen Eisen sowie mit Blumeneisen gearbeitet werden. Die Schneide dieser Eisen kann man anders und vielseitiger einsetzen als die Schneide gerader Eisen. Diese Werkzeuge lassen sich allerdings auch schwerer regieren und es bedarf einiger Übung, bis man mit ihnen richtig umgehen kann.

Die Durcharbeitung und das Sauberschneiden der Darstellung werden in der gleichen Weise wie beim vollplastischen Schnitzen weitergeführt. Gelegentlich sollte man die Schärfe des Werkzeuges prüfen, damit die Sauberkeit der Arbeit nicht gefährdet ist.

Deshalb sollte man anfangs nicht verzagen, der Erfolg stellt sich gewiß ein.
Ein Relief wird in der Regel an einem festen Platz hängen, wo die Lichtverhältnisse gleichbleibend sind. Weiß man dies schon zu Beginn, kann man sich die zu erwartenden Lichtverhältnisse zunutze machen. Ein starker Schlagschatten

Die letzten unsauberen Stellen werden mit Flach- und Balleisen beseitigt. Wie immer muß beim Sauberschneiden an saubere Hände gedacht werden.

fördert in jedem Fall die Plastizität des Reliefs. Fällt das Licht von verschiedenen Seiten ein, besteht die Gefahr, daß die Schattenwirkung neutralisiert wird.
In einem Relief entstehen ab und zu perspektivische und anatomische Ungenauigkeiten, und nicht immer lassen sich die Regeln der Perspektive und Anatomie von einem Hobbykünstler perfekt umsetzen. Sie geben der Arbeit oft aber eine besondere Art von Liebenswürdigkeit, und der Verfasser sollte auch dazu stehen, denn am wichtigsten ist es, Freude beim Schnitzen zu haben und dabei

Eventuelle Druckstellen vom Einspannen können noch mit Sandpapier überschliffen werden.

nicht immer perfekt sein zu müssen. Auch beim Relief kann man gelegentlich mit einer Farbgebung die Wirkung unterstützen. Viele Anregungen kann man sich dazu bei den Alten Meister holen. In ihren Schnitzaltären finden sich wunderbar erzählende Reliefs, die meist nur zur Unterstützung der Plastiken hinzugefügt wurden.

Erhard Schaarschmidt, „Bergzimmermann beim Ausbau", Relief aus Lindenholz.

„Pirol", Relief, Kiefer, farbig gefaßt.

Ralf Schaarschmidt, „Ochs und Esel", Relief aus Lindenholz.

Allgemeine Hinweise

- Arbeiten Sie immer mit sauberen Händen, denn saubere Hände bedeuten saubere Arbeit.
- Schnitzen Sie immer so, daß mit dem Schnitt der Span fällt.
- Verleimen Sie immer nach der Regel: Kern an Kern, Splint an Splint.
- Scharfes Werkzeug ist die Grundvoraussetzung für eine handwerklich gute Arbeit und gleichzeitig auch Unfallschutz.
- Ein gut geordneter Arbeitsplatz ermöglicht zügiges Arbeiten.
- Das Gestalten beginnt schon bei der Motivauswahl.
- Zeichnen ist die beste Schulung des dreidimensionalen Vorstellungsvermögens.
- Defekte Werkzeughefte bilden eine Unfallgefahr!
- Tragen Sie beim Werkzeugschleifen unbedingt Schutzbrille!
- Wischen Sie beim Verwenden von Petroleum als Medium zum Abziehen das Werkzeug gründlich ab, da sonst das Petroleum ins Holz einzieht und Flecke verursacht.
- Beim Schnitzen von kleinen Figuren ist grob gemasertes und ringporiges Holz ungeeignet. Am besten geeignet ist hierfür Linde.
- Je härter das Holz, desto kürzer die Fase.
- Richtige Beleuchtung hilft Fehler zu vermeiden.
- Lassen Sie beim Übertragen der Zeichnung Details möglichst weg.
- Lassen Sie beim Aussägen etwas Randholz stehen.
- Beim Anlegen muß vorwiegend quer geschnitten werden.
- Beim Sauberschneiden kann das Objekt mit einem sauberen Tuch vor Verschmutzung geschützt werden.
- Der Reliefgrund sollte eine gleichmäßige Tiefe haben.
- Tragen Sie beim Sauberschneiden in Eichenholz wegen des Gerbesäuregehalts schweißsaugende Handschuhe, da sich das Holz durch den Handschweiß schwarz verfärbt.